ÉLÉMENTS
DE LA
GRAMMAIRE
FRANÇAISE

PAR LHOMOND

Professeur émérite en l'Université de Paris.

NOUVELLE ÉDITION

AUGMENTÉE D'UN APPENDICE SUR LA PROPOSITION ET L'ANALYSE, SOIT LOGIQUE, SOIT GRAMMATICALE.

LIMOGES
F. F. ARDANT FRÈRES,
rue des Taules.

PARIS
F. F. ARDANT FRÈRES,
25, quai des Augustins.

1860

ÉLÉMENTS

DE LA

GRAMMAIRE FRANÇAISE

PAR LHOMOND

PROFESSEUR-ÉMÉRITE EN L'UNIVERSITÉ DE PARIS

NOUVELLE ÉDITION

AUGMENTÉE D'UN APPENDICE SUR LA PROPOSITION

ET L'ANALYSE,

SOIT LOGIQUE, SOIT GRAMMATICALE.

LIMOGES

F. F. ARDANT FRÈRES,

Rue des Taules.

PARIS

F. F. ARDANT FRÈRES,

25, quai des Augustins.

1861

ÉLÉMENTS

DE LA

GRAMMAIRE FRANÇAISE.

INTRODUCTION.

La Grammaire est l'art de parler et d'écrire correctement Pour parler et pour écrire, on emploie des mots : les mots sont composés de lettres.

Il y a deux sortes de lettres : les ***voyelles*** et les ***consonnes***.

Les voyelles sont : ***a***, ***e***, ***i***, ***o***, ***u***, et ***y***. Ces lettres sont appelées ***voyelles***, parce que seules, elles forment une voix, un son.

Il y a trois sortes d'***e*** : ***e*** muet, ***é*** fermé, ***è*** ouvert.

L'***e muet*** est ainsi appelé, parce qu'il a un son sourd et peu sensible, comme à la fin de ces mots, ***homme***, ***monde***, ***comédie***.

L'***é fermé*** est ainsi appelé, parce qu'il se prononce la bouche presque fermée, comme dans ces mots, ***vérité***, ***bonté***, ***café***.

L'***è ouvert*** est ainsi appelé, parce qu'il se prononce avec une grande ouverture de bouche, comme dans ces mots, ***accès***, ***succès***, ***père***, ***austère***.

L'***y*** grec s'emploie le plus souvent pour deux ***i*** comme dans ***pays***, ***moyen***, ***joyeux*** : prononcez ***pai-is moi-ien***, ***joi-ieux***. Lorsqu'il est précédé d'une consonne, il n'a que le son d'un ***i*** simple, comme dans ces mots, ***lycée***, ***mystère***.

Il y a dix-huit consonnes, savoir : ***b***, ***c***, ***d***, ***f***, ***g***, ***h***, ***j***, ***k***, ***l***, ***m***, ***n***, ***p***, ***q***, ***r***, ***s***, ***t***, ***v***, ***x***, ***z***. Ces lettres s'appellent ***consonnes***, parce qu'elles ne forment un son qu'avec le secours des voyelles, comme ***ba***, ***be***, ***bi***, ***bo***, ***bu*** ; ***ca***, ***ce***, ***ci***, ***co***, ***cu*** ; ***da***, ***de***, ***di***, ***do***, ***du*** ; etc.

La lettre ***h*** est muette ou aspirée. Elle est muette lorsqu'elle ne change rien à la prononciation de la voyelle qui la suit, comme dans ces mots, ***l'homme***, ***l'honneur***, ***l'histoire***, etc., qu'on prononce comme s'il y avait ***l'omme***, ***l'onneur***, ***l'istoire***.

Elle est aspirée lorsqu'elle fait prononcer du gosier la voyelle qui la suit, comme dans ces mots, ***la haine***, ***le héros***. Ainsi l'on écrit et l'on prononce séparément les deux mots: *la haine*, et non pas *l'haine*; *les héros*, et non pas comme s'il y avait *les zhéros.*

Des voyelles longues et brèves.

Les voyelles *longues* sont celles sur lesquelles on appuie plus long-temps que sur les autres en les prononçant.

Les voyelles *brèves* sont celles sur lesquelles on appuie moins long-temps.

Par exemple *a* est long dans *pâte* pour faire du pain, il est bref dans *patte* d'animal.

e est long dans *tempête*, et bref dans *trompette.*

i est long dans *gîte*, et bref dans *petite.*

o est long dans *apôtre*, et bref dans *dévote.*

u est long dans *flûte*, et bref dans *butte.*

Pour marquer les différentes sortes d'*e* et les voyelles longues, on emploie trois petits signes que l'on appelle *accents*, savoir: l'accent *aigu* (´) qui se met sur les *e* fermés, *bonté*; l'accent *grave* (`) qui se met sur les *è* ouverts, *accès*, et l'accent *circonflexe* (^) qui se met sur la plupart des voyelles longues, et indique la suppression d'une lettre, comme dans *apôtre*, qu'on écrivait autrefois *apostre.*

L'accent *aigu* va de droite à gauche; l'accent *grave* va de gauche à droite; l'accent *circonflexe* se forme de la réunion des deux autres.

Il y a en français dix sortes de mots qu'on appelle les *parties du discours*, savoir: le *Nom* ou *Substantif*, l'*Article*, l'*Adjectif*, le *Pronom*, le *Verbe*, le *Participe*, la *Préposition*, l'*Adverbe*, la *Conjonction* et l'*Interjection.*

CHAPITRE Ier.

PREMIÈRE ESPÈCE DE MOTS

Le Nom ou *Substantif.*

LE NOM OU SUBSTANTIF est un mot qui sert à nommer une personne ou une chose, comme *Pierre*, *Paul*, *Livre*, *Chapeau.*

Il y a trois sortes de noms, le nom *commun*, le nom *propre*, et le nom *collectif.*

Le nom *commun* est celui qui convient à plusieurs personnes, ou à plusieurs choses semblables. *Homme*, *cheval*, *maison*, sont des noms communs: car le nom *homme* convient à *Pierre*, à *Paul*, etc.

Le nom *propre* est celui qui convient à une seule personne ou à une seule chose; comme *Adam*, *Eve*, *Paris*, *la Seine*.

Le nom *collectif*, est celui qui, quoique au singulier, présente à l'esprit la réunion de plusieurs personnes, ou de plusieurs choses de même espèce, comme *armée*, *foret*, *troupe*.

Dans les noms, il faut considérer le *genre*, et le *nombre*.

Il y a en français deux genres, le *masculin*, et le *féminin*. Les noms d'homme ou de mâle sont du genre masculin, comme un *père*, un *lion*: les noms de femme ou femelle sont du genre féminin, comme une *mère*, une *lionne*. Ensuite par imitation, l'on a donné le genre masculin ou le genre féminin à des choses qui ne sont ni mâles ni femelles; comme un *livre*, une *table*, le *soleil*, la *lune*.

Il y a deux nombres, le *singulier* et le *pluriel*: le singulier, quand on parle d'une seule personne ou d'une seule chose, comme un *homme*, un *livre*; le pluriel, quand on parle de plusieurs personnes ou de plusieurs choses, comme les *hommes*, les *livres*.

Comment se forme le pluriel dans les noms.

RÈGLE GÉNÉRALE.

Pour former le pluriel, ajoutez *s* à la fin du nom: le *roi*, les *rois*; la *reine*, les *reines*; le *livre*, les *livres*; la *table*, les *tables*; l'*enfant*, les *enfants*.

Première remarque. Les noms terminés au singulier par *s*, *z*, *x*, n'ajoutent rien au pluriel: le *fils*, les *fils*; le *nez*, les *nez*, le *gaz*, les *gaz*; la *voix*, les *voix*; le *prix*, les *prix*.

Deuxième remarque. Les noms terminés au singulier par *au*, *eu*, *ou*, prennent *x* au pluriel: le *bateau*, les *bateaux*; le *feu*, les *feux*; le *caillou*, les *cailloux*. Cependant presque tous les noms en *ou*, comme *clou*, *fou*, *filou*, *matou*, *sou*, *trou*, *verrou*, prennent un *s* au pluriel.

Troisième remarque. La plupart des noms terminés au singulier par *al*, *ail*, font leur pleuriel en *aux*: le *mal*, les *maux*; le *cheval*, les *chevaux*; le *travail*, les *travaux*; le *bail*, les *baux*. Cependant les noms *bal*, *cal*, *carnaval*, *régal*, font au pluriel les *bals*, les *cals*, les *carnavals*, les *régals*, sans change. de terminaison

Il en est de même des noms *attirail*, *camail*, *détail*, *épouvantail*, *éventail*, *gouvernail*, *mail*, *poitrail*, *sérail*, qui prennent *s* au pluriel.

Aïeul, *ciel*, *œil*, *bétail*, font au pluriel, *aïeux*, *bortail*, *cieux*, *yeux*, *bestiaux*.

CHAPITRE II.

SECONDE ESPÈCE DE MOTS.

L'Article.

L'ARTICLE est un mot qui, placé devant les noms communs, en fait connaître le genre et le nombre.

On distingue deux sortes d'articles, les articles *simples* et les articles *composés*.

Les articles *simples* sont *le*, *la*, *les*, *un*, *une*. *Le* ou *un* se met devant un nom masculin singulier, *le père*, *un père*, *la* ou *une* se met devant un nom féminin singulier, *la mère*, *une mère*; *les* se met devant tous les noms pluriels, soit masculins, soit féminins, *les pères*, *les mères*. Ainsi l'on connaît qu'un nom est du genre masculin, quand on peut mettre *le* ou *un* devant ce nom: on connaît qu'un nom est du genre féminin, quand on peut mettre *la* ou *une* devant ce nom.

Les articles *composés* sont *du*, *des*, *au*, *aux*. *Du* et *au* se mettent devant les noms masculins singuliers commençant par une consonne, ou par un *h* aspiré, *du prince*, *au prince*; *du héros*, *au héros*. *Des* et *aux*, se mettent devant tous les noms pluriels.

Les articles composés sont ainsi appelés, parce qu'ils sont formés d'un des articles simples, *le*, *les*, et d'une des prépositions *à*, *de*. Ainsi, *du* est mis pour *de le*; *des*, pour *de les*; *au*, pour *à le*; *aux* pour *à les*.

EXEMPLES.

SINGULIER MASCULIN.

Le prince.
Palais *du* prince, pour *de le* prince.
J'obéis *au* prince, pour *à le* prince.

PLURIEL MASCULIN.

Les princes.
Palais *des* princes, pour *de les* princes.
J'obéis *aux* princes, pour *à les* princes.

PLURIEL FÉMININ.

Les princesses.
Des princesses, pour *de les* princesses.
Aux princesses, pour *à les* princesses.

CHAPITRE III.

TROISIÈME ESPÈCE DE MOTS.

L'Adjectif.

L'ADJECTIF est un mot que l'on ajoute au nom pour faire connaître la qualité d'une personne ou d'une chose : comme *bon* père, *bonne* mère, *beau* livre, *belle* image : ces mots, *bon*, *bonne*, *beau*, *belle*, sont des adjectifs joints aux noms *père*, *mère*, *livre*, *image*.

On connaît qu'un mot est adjectif, quand on peut y joindre le mot *personne* ou *chose*. ainsi *habile*, *agréable*, sont des adjectifs, parce qu'on peut dire *personne habile*, *chose agréable*.

Il y a des adjectifs que l'on peut souvent regarder comme noms substantifs : tels sont *le beau*, *le vrai*, *le sublime*, où l'on sous-entend le mot *chose*; *le grand*, *le petit*, *le pauvre*, *le riche*, où l'on sous-entend le mot *homme*.

Les adjectifs ont deux genres, *masculin* et *féminin*. Cette différence de genres, se marque ordinairement par la dernière lettre.

Comment se forme le féminin dans les adjectifs français.

RÈGLES GÉNÉRALES.

Première règle. Quand un adjectif finit au masculin par un *e* muet, il garde au féminin la même terminaison, *un enfant sage*, *docile*, *aimable*; *une demoiselle sage*, *docile*, *aimable*.

Seconde règle. Quand un adjectif ne finit point au masculin par un *e* muet, on y ajoute un *e* muet pour former le féminin : *prudent*, *prudente*; *saint*, *sainte*; *méchant*, *méchante*; *petit*, *petite*; *grand*, *grande*; *poli*, *polie*; *vrai*, *vraie*; *ingénu*, *ingénue*; etc.

EXCEPTIONS.

Première exception. Les adjectifs en *el* comme *cruel*; en *eil* comme *vermeil*; en *ien*, comme *ancien*; en *an* : comme *paysan*; en *on* comme *bon*; en *as* comme *gras*;

en *ul* comme *nul*; en *et* comme *net*; en *ot* comme *sot*; en *ais* comme *épais*, doublent au féminin la consonne finale du masculin, et prennent l'*e* muet: *cruelle*, *vermeille*, *ancienne*, *bonne*, *paysanne*, *grasse*, *grosse*, *nulle*, *nette*, *sotte*, *épaisse*.

Beau, *nouveau*, *fou*, *mou*, *vieux*, font au féminin, *belle*, *nouvelle*, *folle*, *molle*, *vieille*, parce qu'au masculin, on dit aussi *bel*, *nouvel*, *fol*, *mol*, *vieil*, quand le nom suivant commence par une voyelle ou par un *h* muet. On dit un *bel oiseau*, un *nouvel appartement*, un *fol amour*, un *vieil ami*.

Mais les adjectifs *frais*, *niais*, *mauvais*, *ras*, *tierce*, *discret*, *secret*, *concret*, *inquiet*, *complet*, *bigot*, *cagot*, *dévot*, *manchot*, *vieillot*, font au féminin *fraîche*, *niaise*, *mauvaise*, *rase*, *tierce*, *discrète*, *secrète*, *concrète*, *inquiète*, *complète*, *bigote*, *cagote*, *dévote*, *manchote*, *vieillote*, sans doubler la consonne finale du masculin.

Deuxième exception. Les adjectifs *blanc*, *franc*, *sec*, font au féminin *blanche*, *franche*, *sèche*.

Public, *caduc*, *turc*, font *publique*, *caduque*, *turque*, en changeant *c* en *que*. Mais *grec*, fait *grecque*, et non pas *grèque*.

Troisième exception. Les adjectifs qui finissent au masculin par *f*, changent au féminin *f* en *ve*: *bref*, *brève*; *naïf*, *naïve*; *vif*, *vive*.

Long, le seul adjectif terminé par *g*, fait *longue*, *favori* fait *favorite*: *malin*, *bénin*, font *maligne*, *bénigne*.

Quatrième exception. Parmi les adjectifs terminés en *eur*, les uns forment leur féminin en ajoutant un *e* muet: *supérieur*, *supérieure*; *majeur*, *majeure*; *mineur*, *mineure*.

D'autres font leur féminin en changeant *eur* en *euse*; *parleur*, *parleuse*; *chanteur*, *chanteuse*; *danseur*, *danseuse*. *Enchanteur*, *pécheur*, *vengeur*, font *enchanteresse*, *pécheresse*, *vengeresse*.

Enfin, il y a des adjectifs en *eur* qui font leur féminin en *trice*. *acteur*, *actrice*; *protecteur*, *protectrice*. *Auteur* et *amateur* sont masculins et féminins: on dit *il* ou *elle* est *auteur*, *il* ou *elle* est *amateur*.

Cinquième exception. Les adjectifs terminés au masculin par *x*, font leur féminin en changeant *x* en *se*: *dangereux*, *dangereuse*; *jaloux*, *jalouse*. Mais *doux* fait *douce*, *roux* fait *rousse* : *faux* fait *fausse* ; *préfix*, fait *préfixe*.

Comment se forme le pluriel des adjectifs.

1° Les adjectifs qui ne finissent pas au singulier par *s*, prennent cette lettre au pluriel : *bon*, *bonne* ; *grand*, *grande* ; au pluriel : *bons*, *bonnes* ; *grands*, *grandes*, etc.

2° Les adjectifs qui finissent au singulier par *s* ou *x*, conservent ces mêmes lettres au pluriel masculin : au féminin, pluriel, ils prennent *e* : *soumis*, *soumise* ; *heureux*, *heureuse* : au pluriel *soumis*, *soumises* ; *heureux*, *heureuses*,

3° Les adjectifs en *au* prennent *x* au pluriel masculin : *beau*, *nouveau* ; au pluriel *beaux nouveaux*. L'adjectif *bleu*, prend *s* au pluriel : *les yeux bleus*.

4° Quelques adjectifs en *al* font leur pluriel masculin en *aux* : *égal*, *égaux* ; *général*, *généraux*. Mais la plupart de ces adjectifs n'ont point de masculin au pluriel : comme *austral*, *boréal*, *conjugal*, *fatal*, *filial*, *final*, *frugal*, *littéral*, *naval*, *pascal*, *pastoral*, *trivial*, *vénal*.

ACCORD DES ADJECTIFS AVEC LES NOMS.

Règle. Tout adjectif doit être du même genre et de même nombre que le nom auquel il se rapporte.

EXEMPLE.

Le bon père, *la bonne mère* : *bon* est du masculin et du singulier, parce que père est du masculin et du singulier : *bonne* est du féminin et du singulier, parce que *mère* est du féminin et du singulier.

Les beaux jardins, *les belles fleurs* : *beaux* est du masculin et au pluriel, parce que *jardin* est du masculin et au pluriel ; *belles* est du féminin pluriel, parce que *fleurs* est du féminin pluriel.

Quand un adjectif se rapporte à deux noms singuliers, on met cet adjectif au pluriel, parce que deux singuliers valent un pluriel.

EXEMPLE.

Le roi et le berger sont égaux après la mort, et non pas *égal*.

Si les deux noms sont de différents genres, on met l'adjectif au masculin.

EXEMPLE.

Mon père et ma mère sont contents, et non pas *contentes*.

Quant à la place des adjectifs, il y en a qui se mettent avant le nom, comme *beau* jardin, *grand* arbre, *bon* ouvrier; d'autres se mettent après le nom, comme habit *rouge*, air *modeste*, homme *instruit*; d'autres se placent indifféremment avant ou après le nom: on dit également, un *habile* avocat, un avocat *habile*; un *véritable* ami, un ami *véritable*; une affaire *malheureuse*, une *malheureuse* affaire. L'usage est le seul guide à cet égard.

Il est cependant des adjectifs qui, placés avant ou après le nom, donnent à ce nom une signification toute différente. Il n'est pas égal de dire: un *grand homme* ou un *homme grand*; *un honnête homme*, ou un *homme honnête*; un *pauvre* auteur, ou un auteur *pauvre*; une *femme grosse*, ou une *grosse femme*.

Degrés de signification dans les adjectifs.

On entend par *degrés de signification* le plus ou le moins d'étendue que l'on peut donner à la qualité exprimée par l'adjectif.

On distingue dans les adjectifs trois degrés de signification: le *positif*, le *comparatif*, et le *superlatif*.

Le *positif* n'est autre chose que l'adjectif exprimant simplement la qualité; comme *beau*, *belle*, *agréable*.

Le *comparatif*, c'est l'adjectif avec comparaison. Quand on compare deux choses, on trouve que l'une est, ou supérieure à l'autre, ou inférieure à l'autre, ou égale à l'autre: de là trois sortes de comparatifs, le comparatif de *supériorité*, le comparatif d'*infériorité*, le comparatif d'*égalité*.

Pour marquer un comparatif de *supériorité*, on met *plus* devant l'adjectif; comme *la rose est* plus *belle que la violette*.

Pour marquer un comparatif d'*infériorité*, on met *moins* devant l'adjectif: comme *la violette est* moins *belle que la rose*.

Pour marquer un comparatif d'*égalité*, on met *aussi* devant l'adjectif: comme *la rose est* aussi *belle que la tulipe*.

Le mot *que* sert à joindre les deux choses que l'on compare.

Nous avons trois adjectifs qui expriment seuls une comparaison: *meilleur*, au lieu de *plus bon*, qui ne se dit pas; moindre, au lieu de *plus petit*; *pire* au lieu de *plus mauvais*; comme, *la vertu est* meilleure que *la science*; *le mensonge est* pire *que l'indocilité*.

L'adjectif est au *superlatif*, quand il marque la qualité dans un tres-haut degré, ou dans le plus haut degré. Il y a deux sortes de *superlatifs*, le *superlatif absolu* et le *superlatif relatif*.

Pour marquer le *superlatif absolu*, on met *très*, *fort*, *bien*, devant l'adjectif; comme *Paris est une très-belle ville*, *cet enfant est* fort *caressant*, *cet homme est* bien *hardi*.

Pour marquer le *superlatif relatif*, on met *le plus*, *la plus*, *les plus*, *mon plus*, *ton plus*, *etc.*, devant l'adjectif : comme *Paris est* la plus *belle des villes*; *c'est* mon plus *cruel ennemi*; *obliger est* votre *plus grand plaisir*.

NOMS ET ADJECTIFS DE NOMBRE.

Les noms de nombre sont ceux dont on se sert pour compter. Il y en a de deux sortes : les noms de nombre *cardinaux*, et les noms de nombre *ordinaux*.

Les noms de nombre *cardinaux* déterminent la quantité des choses : ce sont *un*, *deux*, *trois*, *quatre*, *cinq*, *six*, *sept*, *huit*, *neuf*, *dix*, *onze*, *douze*, *treize*, *quatorze*, *quinze*, *seize*, *dix-sept*, *dix-huit*, *dix-neuf*, *vingt*, *trente*, *quarante*, *cinquante*, *soixante*, *quatre-vingt*, *cent*, *mille*, *etc*.

Les noms de nombre *ordinaux* marquent le rang ou l'ordre; ils se forment des cardinaux : ce sont *premier*, *deuxième*, *troisième*, *quatrième*, *cinquième*, *sixième*, *septième*, *huitième*, *neuvième*, *dixième*, *etc*.

Il y a encore des noms de nombre qui servent à marquer une certaine quantité, comme une *dizaine*, une *douzaine*, *etc*. On les nomme noms de nombre *collectifs*.

Il y en a encore d'autres qui marquent les parties d'un tout, comme la *moitié*, le *tiers*, le *quart*, *etc*. On les nomme *partitifs*.

Enfin il y en a qui servent à multiplier comme le *double*, le triple, *etc*. On les nomme *augmentatifs*

Adjectifs possessifs.

Les *adjectifs possessifs* sont ceux qui, toujours ajoutés à un nom, marquent la possession de la chose dont on parle : comme *mon* chapeau, *votre* plume, *son livre*, *ma* maison. Ces adjectifs sont :

SINGULIER.		PLURIEL.
Masculin.	*Féminin.*	*Des deux genres.*
Mon,	Ma,	Mes.
Ton,	Ta,	Tes.
Son,	Sa,	Ses.
Notre,	Notre,	Nos.
Votre,	Votre,	Vos.
Leur,	Leur,	Leurs.

Remarque. Quoique *mon*, *ton*, *son*, soient du masculin singulier, on les emploie cependant devant un nom féminin quand ce nom féminin commence par une voyelle ou par un *h* muet. On dit: *mon* âme, pour *ma* âme; *ton* épée, pour *ta* épée; *son* humeur, pour *sa* humeur.

Adjectifs démonstratifs.

Les *adjectifs démonstratifs* sont ceux qui, ajoutés au nom, montrent et mettent pour ainsi dire sous les yeux l'objet dont on parle: comme quand je dis *ce* livre, *cette* table, je montre le *livre*, la *table* dont il s'agit. Les adjectifs démonstratifs sont:

SINGULIER,		PLURIEL.
Masculin.	*Féminin.*	*Des deux genres.*
Ce, cet.	Cette.	Ces.

Remarque. On met *ce* devant un nom ou un adjectif, qui commence par une consonne ou par un *h* aspiré: *ce* prince, *ce* héros, *ce* bon monarque. On met *cet*, quand le nom ou l'adjectif commence par une voyelle ou par un *h* muet: *cet* ouvrage, *cet* honneur, *cet* habile ouvrier.

CHAPITRE IV.

QUATRIÈME ESPÈCE DE MOTS.

Du Pronom.

LE PRONOM est un mot que l'on met à la place du nom pour en éviter la répétition. *Dieu est bon, il aime les hommes.* Le mot *il* remplace le nom *Dieu*, et en évite la répétition.

On distingue six sortes de pronoms, savoir: les pronoms *personnels*, les pronoms *possessifs*, les pronoms *démonstratifs*, les pronoms *relatifs*, les pronoms *absolus* ou *interrogatifs*, et les pronoms *indéfinis*.

Pronoms personnels.

Les pronoms *personnels* sont ceux qui désignent les personnes, ou qui tiennent la place du nom des personnes.

Il y a trois personnes : la première est celle qui parle, la seconde est celle à qui l'on parle, la troisième est celle de qui l'on parle.

Pronoms de la première personne.

Les pronoms de la *première personne*, sont : *je*, *me*, *moi*, pour le singulier : *nous* pour le pluriel. Ils sont des deux genres, du masculin, si c'est un homme qui parle ; du féminin, si c'est une femme.

Me s'emploie pour *moi*, ou pour *à moi*. Exemples : *le maître me récompensera*, c'est-à-dire, le *maître récompensera* moi, *il* me *donnera un livre*, c'est-à-dire, *il donnera* à moi *un livre*.

Nous s'emploie quand on parle au nom de plusieurs : Exemples : *nous irons à la promenade*.

Pronoms de la seconde personne.

Les pronoms de la *seconde personne*, sont *tu*, *te*, *toi*, pour le singulier ; *vous*, pour les deux nombres. Ils sont des deux genres : du masculin, si c'est à un homme qu'on parle ; du féminin, si c'est à une femme.

Te s'emploie pour *toi*, ou pour *à toi*. Exemples : *le maître* te *regarde* ; c'est-à-dire, *le maître*, *regarde* toi, *le maître* te *donnera un prix*, c'est-à-dire, *le maître donnera* à toi *un prix*.

Remarque. Par politesse on dit *vous* au lieu de *tu*, quoiqu'on ne parle qu'à une personne ; par exemple, en parlant à un enfant, on dit : *vous êtes bien aimable*. On ne se sert de *tu*, *te*, *toi*, que lorsqu'on est très-familier avec la personne à qui l'on parle, ou lorsqu'on lui parle par mépris.

Pronoms de la troisième personne.

Les pronoms de la *troisième personne*, sont :

SINGULIER.		PLURIEL.	
Masculin.	*Féminin.*	*Masculin.*	*Féminin.*
Il,	Elle,	Ils *ou* eux,	Elles.
Le,	La,	Les, *des deux genres.*	
Lui, *des deux genres.*		Leur, *des deux genres.*	

Lui s'emploie pour *à lui* ou pour *à elle*. Exemple : *vous devez* lui *obéir*, c'est-à-dire, *vous devez obéir* à lui, à elle.

Leur s'emploie pour *à eux*, ou pour *à elles*. Exemple : *je* leur *parlerai*, c'est-à-dire, *je parlerai à* eux, à elles.

Il y a encore un pronom de la troisième personne, *soi*

se : il est des deux genres et des deux nombres ; on l'appelle ***pronom réfléchi***, parce qu'il marque le rapport d'une persońne à elle-même.

Le pronom *se* est mis pour *soi* ou pour *à soi*. Exemples : *il se flatte*, c'est-à-dire, *il flatte* soi : *il se donne des louanges*, c'est-à-dire, *il donne à* soi *des louanges*.

Pronoms possessifs.

Les pronoms *possessifs* sont ceux qui rappellent le nom d'une chose dont ils expriment la possession ou la propriété. Exemple : *avez-vous votre cheval ? j'ai vendu* le mien. Ce mot *le mien* rappelle le nom *cheval*, c'est comme si l'on disait : *j'ai vendu le cheval qui m'appartenait, le cheval dont j'étais possesseur*.

Les pronoms *possessifs* sont :

SINGULIER.		PLURIEL.	
Masculin.	*Féminin.*	*Masculin.*	*Féminin.*
Le mien,	La mienne,	Les miens,	Les miennes.
Le tien,	La tienne,	Les tiens,	Les tiennes.
Le sien,	La sienne,	Les siens,	Les siennes.
Le nôtre,	La nôtre,	Les nôtres,	Les nôtres.
La vôtre,	La vôtre,	Les vôtres,	Les vôtres.
Le leur,	La leur,	Les leurs,	Les leurs.

Pronoms démonstratifs.

Les pronoms *démonstratifs* sont ceux qui servent à montrer les objets dont on parle.

Ces pronoms sont :

SINGULIER.		PLURIEL.	
Masculin.	*Féminin.*	*Masculin.*	*Féminin.*
Celui,	Celle,	Ceux,	Celles.
Celui-ci,	Celle-ci,	Ceux-ci,	Celles-ci.
Celui-là,	Celle-là	Ceux-là,	Celles-là.
Ce, ceci,	Cela.		

Celui-ci, *celle-ci*, *ceux-ci*, *celles-ci*, s'emploient pour montrer des objets proches ; *celui-là*, *celle-là*, *ceux-là*, *celles là*, pour montrer des objets éloignés.

Ce s'emploie le plus souvent pour le mot *chose*. Exemple : *ce que vous dites est-il bien vrai ?* c'est-à-dire, *la* chose *que vous dites*, *est-elle bien vraie ?*

Pronoms relatifs.

Les pronoms *relatifs* sont ceux qui ont rapport, relation à un nom ou à un autre pronom qui les précède, et qu'on appelle *antécédent*. Exemples: *Dieu qui a créé le monde*; c'est-à-dire, *Dieu* lequel Dieu *a créé le monde*: *qui* est le pronom relatif, et *Dieu* est son antécédent. *Le livre que je lis*; *que* est le pronom relatif, et *livre* est son antécédent. *Le roi dont j'admire la sagesse*, c'est-à-dire, *le roi* duquel roi *j'admire la sagesse*: *dont* est le pronom relatif, et *roi* est son antécédent.

Les pronoms *relatifs* sont:

SINGULIER.		PLURIEL.	
Masculin.	*Féminin.*	*Masculin.*	*Féminin.*
Lequel,	Laquelle,	Lesquels,	Lesquelles,
Duquel,	De laquelle,	Desquels,	Desquelles,
Auquel,	A laquelle,	Auxquels,	Auxquelles,

Qui,
Que,
Dont,
Où,
Y,
En,
} *Des deux genres et des deux nombres.*

Où est pronom relatif quand il s'emploie pour *auquel dans lequel*, etc. Exemple: *le bonheur* où *j'aspire*; c'est-à-dire, *le bonheur* auquel *j'aspire*; *la maison* où *je demeure*, c'est-à-dire, *la maison* dans laquelle *je demeure*.

En est pronom relatif quand il rappelle le nom de la personne ou de la chose dont on vient de parler. Exemple: *cet écolier est très-studieux*, *on ne peut qu'*en *faire l'éloge*, c'est-à-dire, *on ne peut que faire l'éloge* de cet écolier. *Ecoutez mes avis et profitez*-en, c'est-à-dire, *profitez* de mes avis.

Y rappelle un nom de chose ou de personne exprimé auparavant. Exemples: *j'étudie la grammaire et je m'y applique*, c'est-à-dire, *je m'applique* à la grammaire. *Pensez-vous à votre ami? oui*, j'y *pense tous les jours*. c'est-à-dire, *je pense tous les jours* à mon ami.

Pronoms absolus ou *interrogatifs*.

Les pronoms *absolus* ou *interrogatifs* sont ceux qui n'ont point d'antécédent: on les emploie le plus souvent pour interroger. Exemples: qui *vous appelle*? que faites-*vous*? *je ne sais* quel *parti prendre*? *j'ignore* qui *vous a demandé*!

Les pronoms *absolus* sont.

SINGULIER.		PLURIEL.	
Masculin.	*Féminin.*	*Masculin.*	*Féminin*
Quel,	Quelle,	Quels,	Quelles,
Lequel,	Laquelle.	Lesquels,	Lesquelles.
Qui, que, quoi.			

Qui s'emploie pour *quelle personne*, *que* et *quoi* s'emploient pour *quelle chose*.

Pronoms indéfinis.

Les pronoms *indéfinis* sont ceux qui ne désignent les objets dont on parle que d'une manière vague et indéterminée. Exemples : on *frappe à la porte*, quelqu'un *vous appelle*.

Ces mots, *on*, *quelqu'un*, désignent bien une personne, mais ne déterminent pas quelle est cette personne qui frappe ou qui appelle.

Les pronoms *indéfinis* sont : *on*, *quelqu'un*, *chacun*, *quiconque*, *autrui*, *personne*, *rien*, *tout*, *chaque*, *nul*, *aucun*, *même*, *plusieurs*, *l'un*, *l'autre*.

Remarque. Lorsque ces mots, *tout*, *chaque*, *nul*, *aucun*, *même*, *plusieurs*, sont joints à des noms, ce sont des adjectifs, et non des pronoms.

Règle des pronoms.

Tout pronom doit être du même genre et du même nombre que le nom dont il tient la place. Ainsi, en parlant de la tête, on doit dire : *elle me fait mal* ; *elle*, parce que ce pronom remplace le nom *tête* qui est du féminin et du singulier. En parlant de plusieurs jardins, on dit : ceux-ci *sont bien cultivés*, les miens *ne le sont pas* ; *ceux-ci*, *les miens*, sont au pluriel masculin, parce que le nom *jardins* qu'ils remplacent, est du genre masculin et au nombre pluriel.

Les pronoms relatifs, *qui*, *que*, *dont*, etc., sont toujours du même genre, du même nombre, et de la même personne que leur antécédent. Dans cet exemple : *l'enfant qui joue*, *qui* est du singulier et de la troisième personne, parce que *enfant* son antécédent est du singulier et de la troisième personne ; *qui* est du masculin, si c'est un petit garçon qui joue, *qui* est du féminin, si c'est une petite fille.

CHAPITRE V.

CINQUIÈME ESPÈCE DE MOTS.

Le Verbe.

LE VERBE est un mot dont on se sert pour exprimer l'état où l'on est, ou la chose que l'on fait : ainsi le mot *être*, *je suis*, est un verbe ; le mot *lire je lis*, est un verbe.

On connaît ordinairement un verbe en français, quand on peut y ajouter ces pronoms *je*, *tu*, *il*, *nous*, *vous*, *ils* : comme *je lis*, *tu lis*, *il lit*, *nous lisons*, *vous lisez*, *ils lisent*.

Il y a cinq choses à considérer dans un verbe : les personnes, les nombres, les temps, les modes et les conjugaisons.

Il y a dans les verbes trois personnes. Les pronoms *je*, *nous*, marquent la première personne, c'est-à-dire, celle qui parle : *tu*, *vous*, marquent la seconde personne, c'est-à-dire, celle à qui l'on parle : *il*, *elle*, *ils*, *elles*, et tout nom placé devant un verbe, marquent la troisième personne, c'est-à-dire, celle de qui l'on parle.

Il y a dans les verbes deux nombres : le *singulier*, quand on parle d'une seule personne, comme *je lis*, *l'enfant dort* : le *pluriel*, quand on parle de plusieurs personnes, comme *nous lisons*, *les enfants dorment*.

Il y a trois temps, le *présent* qui marque que la chose est, ou se fait actuellement ou habituellement, comme *je lis* : le *passé* ou *prétérit*, qui marque que la chose a été faite, comme *j'ai lu* ; le *futur*, qui marque que la chose sera ou se fera, comme *je lirai*.

On distingue cinq sortes de passés, savoir : un IMPARFAIT, *je lisais* ; un PRÉTÉRIT DÉFINI, *je lus* ; un PRÉTÉRIT INDÉFINI, *j'ai lu* ; un PRÉTÉRIT ANTÉRIEUR, *j'eus lu* ; un PLUSQUE-PARFAIT, *j'avais lu*.

On distingue aussi deux futurs ; le futur SIMPLE, *je lirai*, et le futur PASSÉ OU ANTÉRIEUR, *j'aurai lu*.

Il y a cinq modes, c'est-à-dire, cinq manières de signifier dans les verbes français.

1° L'*indicatif*, quand on affirme que la chose est, ou qu'elle a été, ou qu'elle sera ;

2° Le *conditionnel*, quand on dit qu'une chose serait ou qu'elle aurait été, moyennant une condition ;

3° L'*impératif*, quand on commande de la faire ;

4° Le *subjonctif*, quand on souhaite, ou qu'on doute qu'elle se fasse ;

5° L'*infinitif*, qui exprime l'action ou l'état en général, sans nombre ni personne, comme *lire*, *être*.

Réciter de suite les différents modes d'un verbe avec tous leurs temps, leurs nombres et leurs personnes, cela s'appelle ***conjuguer***.

Il y a en français quatre conjugaisons différentes, que l'on distingue par la terminaison du présent de l'infinitif.

La première conjugaison a l'infinitif terminé en ***er*** comme ***aimer***.

La seconde a l'infinitif terminé en ***ir***, comme ***finir***.

La troisième a l'infinitif terminé en ***oir***, comme ***recevoir***.

La quatrième a l'infinitif terminé en ***re***, comme ***rendre***.

Il y a deux verbes que l'on nomme ***auxiliaires***, parce qu'ils aident à conjuguer tous les autres. Nous commencerons par ces deux verbes.

VERBE AUXILIAIRE AVOIR.

INDICATIF.

PRÉSENT.

Sing. J'ai.
Tu as (1).
Il *ou* elle a.
Plur. Nous avons.
Vous avez.
Ils *ou* elles ont.

IMPARFAIT.

J'avais.
Tu avais.
Il *ou* elle avait.
Nous avions.
Vous aviez.
Ils *ou* elles avaient.

PRÉTÉRIT DÉFINI (2).

J'eus.
Tu eus.
Il eut.
Nous eûmes.
Vous eûtes.
Ils eurent.

PRÉTÉRIT INDÉFINI.

J'ai eu.
Tu as eu.
Il a eu.
Nous avons eu.
Vous avez eu.
Ils ont eu.

PRÉTÉRIT ANTÉRIEUR.

J'eus eu.
Tu eus eu.
Nous eûmes eu.
Vous eûtes eu.
Ils eurent eu.

PLUSQUE-PARFAIT.

J'avais eu.
Tu avais eu.
Il avait eu.
Nous avions eu.
Vous aviez eu.
Ils avaient eu.

FUTUR SIMPLE.

J'aurai.
Tu auras.
Il aura.
Nous aurons.
Vous aurez.
Ils auront.

FUTUR PASSÉ.

J'aurai eu.
Tu auras eu.
Il aura eu.
Nous aurons eu.
Vous aurez eu.
Ils auront eu.

CONDITIONNELS.

PRÉSENT.

J'aurais.
Tu aurais.
Il aurait.
Nous aurions.
Vous auriez.
Ils auraient.

PASSÉ.

J'aurais eu

---

(1) Toutes les secondes personnes du singulier ont un *s* à la fin.

(2) On appelle prétérit *défini* celui qui marque un temps entièrement passé, comme *j'eus hier la fièvre*. On appelle prétérit *indéfini* celui qui marque un temps dont il peut rester encore quelque partie à s'écouler, comme *j'ai eu la fièvre*. On appelle prétérit *antérieur* celui qui marque une chose faite avant une autre, comme *dès que nous eûmes vu la fête, nous partîmes*

Tu aurais eu.
Il aurait eu.
Nous aurions eu.
Vous auriez eu.
Ils auraient eu.

On dit aussi : *j'eusse eu, tu eusses eu, il eût eu, nous eussions eu, vous eussiez eu, ils eussent eu.*

IMPÉRATIF.

Aie.
Ayons.
Ayez.

SUBJONCTIF.

PRÉSENT OU FUTUR.

Que j'aie.
Que tu aies.
Qu'il ait.
Que nous ayons.
Que vous ayez.
Qu'ils aient.

IMPARFAIT.

Que j'eusse.
Que tu eusses.
Qu'il eût.
Que nous eussions.
Que vous eussiez.
Qu'ils eussent.

PRÉTÉRIT.

Que j'aie eu.
Que tu aies eu.
Qu'il ait eu.
Que nous ayons eu.
Que vous ayez eu.
Qu'ils aient eu.

PLUSQUE-PARFAIT.

Que j'eusse eu.
Que tu eusses eu.
Qu'il eût eu.
Que nous eussions eu.
Que vous eussiez eu.
Qu'ils eussent eu.

INFINITIF.

PRÉSENT.

Avoir.

PASSÉ.

Avoir eu.

PARTICIPES.

PRÉSENT.

Ayant.

PASSÉ.

Eu, eue, ayant eu.

VERBE AUXILIAIRE ÊTRE.

INDICATIF.

PRÉSENT.

Je suis.
Tu es.
Il *ou* elle est.
Nous sommes.
Vous êtes.
Ils *ou* elles sont.

IMPARFAIT.

J'étais.
Tu étais.
Il *ou* elle était.
Nous étions.
Vous étiez.
Ils *ou* elles étaient.

PRÉTÉRIT DÉFINI.

Je fus.
Tu fus.
Il fut.
Nous fûmes.
Vous fûtes.
Ils furent.

PRÉTÉRIT INDÉFINI.

J'ai été.
Tu as été.
Il a été.
Nous avons été.
Vous avez été.
Ils ont été.

PRÉTÉRIT ANTÉRIEUR.

J'eus été.
Tu eus été.
Il eut été.
Nous eûmes été.
Vous eûtes été.
Ils eurent été.

PLUSQUE-PARFAIT.

J'avais été.
Tu avais été.
Il avait été.
Nous avions été.
Vous aviez été.
Ils avaient été.

FUTUR SIMPLE.

Je serai.
Tu seras.
Il sera.
Nous serons.
Vous serez.
Ils seront.

FUTUR PASSÉ.

J'aurai été.
Tu auras été.
Il aura été.
Nous aurons été.
Vous aurez été.
Ils auront été.

CONDITIONNELS

PRESENT.

Je serais.
Tu serais.
Il serait.
Nous serions.
Ils seraient.

PASSÉ.

J'aurais été.
Tu aurais été.
Il aurait été.
Nous aurions été.
Vous auriez été.
Ils auraient été.

On dit aussi : *j'eusse été, tu eusses été, il eût été, nous eussions été, vous eussiez été, ils eussent été.*

IMPÉRATIF.

Sois.
Soyons.
Soyez.

SUBJONCTIF.

PRÉSENT.

Que je sois.
Que tu sois.
Qu'il soit.
Que nous soyons.
Que vous soyez.
Qu'ils soient.

IMPARFAIT.

Que je fusse.
Que tu fusses.
Qu'il fût.
Que nous fussions.
Que vous fussiez.
Qu'ils fussent.

PRÉTÉRIT.

Que j'aie été.
Que tu aies été.
Qu'il ait été.
Que nous ayons été.
Que vous ayez été.
Qu'ils aient été.

PLUSQUE-PARFAIT.

Que j'eusse été.
Que tu eusses été.
Qu'il eût été.
Que nous eussions été.
Que vous eussiez été.
Qu'ils eussent été.

INFINITIF.

PRÉSENT

Être.

PRÉTÉRIT.

Avoir été.

PARTICIPES.

PRÉSENT.

Étant.

PASSÉ.

Été, ayant été.

PREMIÈRE CONJUGAISON.

En ER.

INDICATIF.

PRÉSENT.

J'aime.
Tu aimes.
Il aime.
Nous aimons.
Vous aimez.
Ils aiment.

IMPARFAIT.

J'aimais.
Tu aimais.
Il aimait.
Nous aimions.
Vous aimiez.
Ils aimaient.

PRÉTÉRIT DÉFINI.

J'aimai.
Tu aimas.
Il aima.
Nous aimâmes
Vous aimâtes.
Ils aimèrent.

PRÉTÉRIT INDÉFINI.

J'ai aimé.
Tu as aimé.
Il a aimé.
Nous avons aimé.
Vous avez aimé.
Ils ont aimé.

PRÉTÉRIT ANTÉRIEUR.

J'eus aimé.
Tu eus aimé.
Il eut aimé.
Nous eûmes aimé.
Vous eûtes aimé.
Ils eurent aimé.

PLUSQUE-PARFAIT.

J'avais aimé.
Tu avais aimé.
Il avait aimé.
Nous avions aimé.
Vous aviez aimé.
Ils avaient aimé.

FUTUR SIMPLE.

J'aimerai.
Tu aimeras.
Il aimera.
Nous aimerons.
Vous aimerez.
Ils aimeront.

FUTUR PASSÉ.

J'aurai aimé.
Tu auras aimé.
Il aura aimé.
Nous aurons aimé.
Vous aurez aimé.
Ils auront aimé.

CONDITIONNEL.

PRÉSENT.

J'aimerais.
Tu aimerais.
Il aimerait.
Nous aimerions.
Vous aimeriez.
Ils aimeraient.

PASSÉ.

J'aurais aimé.
Tu aurais aimé.
Il aurait aimé.
Nous aurions aimé.
Vous auriez aimé.
Ils auraient aimé.

On dit aussi : *J'eusse aimé, tu eusses aimé, il eût aimé, nous eussions aimé, vous eussiez aimé, ils eussent aimé.*

IMPÉRATIF.

Aime.
Aimons.
Aimez.

SUBJONCTIF.

PRÉSENT OU FUTUR.

Que j'aime.
Que tu aimes.
Qu'il aime.
Que nous aimions.
Que vous aimiez.
Qu'ils aiment.

IMPARFAIT.

Que j'aimasse.
Que tu aimasses.
Qu'il aimât.
Que nous aimassions.
Que vous aimassiez.
Qu'ils aimassent.

PRÉTÉRIT.

Que j'aie aimé.
Que tu aies aimé.
Qu'il ait aimé.
Que nous ayons aimé.
Que vous ayez aimé.
Qu'ils aient aimé.

PLUSQUE-PARFAIT

Que j'eusse aimé.
Que tu eusses aimé.
Qu'il eût aimé.
Que nous eussions aimé.
Que vous eussiez aimé.
Qu'ils eussent aimé

INFINITIF.

PRÉSENT.

Aimer.

PRÉTÉRIT.

Avoir aimé.

PARTICIPES.

PRÉSENT.

Aimant.

PASSÉ.

Aimé, aimée, ayant aimé

Ainsi se conjuguent les verbes *chanter*, *danser*, *manger*, *appeler*, et tous ceux dont l'infinitif est terminé en *er*.

SECONDE CONJUGAISON.

En IR.

INDICATIF.

PRÉSENT.

Je finis.
Tu finis.
Il finit.
Nous finissons.
Vous finissez.
Ils finissent.

IMPARFAIT.

Je finissais.
Tu finissais.
Il finissait.
Nous finissions.
Vous finissiez.
Ils finissaient.

PRÉTÉRIT DÉFINI.

Je finis.
Tu finis.
Il finit.
Nous finîmes.
Vous finîtes.
Ils finirent.

PRÉTÉRIT INDÉFINI.

J'ai fini.
Tu as fini.
Il a fini.
Nous avons fini.
Vous avez fini.
Ils ont fini.

PRÉTÉRIT ANTÉRIEUR.

J'eus fini.
Tu eus fini.
Il eut fini.
Nous eûmes fini.
Vous eûtes fini.
Ils eurent fini.

PLUSQUE-PARFAIT.

J'avais fini.
Tu avais fini.
Il avait fini.
Nous avions fini.
Vous aviez fini.
Ils avaient fini.

FUTUR SIMPLE.

Je finirai.
Tu finiras.
Il finira.
Nous finirons.
Vous finirez.
Ils finiront.

FUTUR PASSÉ.

J'aurai fini.
Tu auras fini.
Il aura fini.
Nous aurons fini.
Vous aurez fini.
Ils auront fini.

CONDITIONNELS.

PRÉSENT.

Je finirais.
Tu finirais.
Il finirait.
Nous finirions.
Vous finiriez.
Ils finiraient.

PASSÉ.

J'aurais fini.
Tu aurais fini.
Il aurait fini.
Nous aurions fini.
Vous auriez fini.
Ils auraient fini.

On dit aussi : *j'eusse fini, tu eusses fini, il eut fini, nous eussions fini, vous eussiez fini, ils eussent fini.*

IMPÉRATIF.

Finis.
Finissons.
Finissez.

SUBJONCTIF.

PRÉSENT OU FUTUR.

Que je finisse.
Que tu finisses.
Qu'il finisse.
Que nous finissions.
Que vous finissiez.
Qu'ils finissent.

IMPARFAIT.

Que je finisse.
Que tu finisses.
Qu'il finît.
Que nous finissions.
Que vous finissiez.
Qu'ils finissent.

PRÉTÉRIT.

Que j'aie fini.
Que tu aies fini.
Qu'il ait fini.
Que nous ayons fini.
Que vous ayez fini.
Qu'ils aient fini.

PLUSQUE-PARFAIT.

Que j'eusse fini.
Que tu eusses fini.
Qu'il eût fini.
Que nous eussions fini
Que vous eussiez fini.
Qu'ils eussent fini.

INFINITIF.

PRÉSENT.

Finir.

PRÉTÉRIT.

Avoir fini.

PARTICIPES.

PRÉSENT.

Finissant.

PASSÉ.

Fini, finie, ayant fini.

Ainsi se conjuguent *avertir*, *guérir*, *ensevelir*, *bénir*, ce dernier a deux participes : *bénit*, *bénite*, pour les choses consacrées par les prières des prêtres ; *béni*, *bême*, partout ailleurs. *Haïr*, fait au présent de l'indicatif, je *hais*, tu *hais* il *hait*, on prononce je *hès*, tu *hès* il *hèt*.

TROISIÈME CONJUGAISON,

En OIR.

INDICATIF.

PRÉSENT.

Je reçois.
Tu reçois.
Il reçoit.
Nous recevons.
Vous recevez.
Ils reçoivent.

IMPARFAIT.

Je recevais.
Tu recevais.
Il recevait.
Nous recevions.
Vous receviez.
Ils recevaient.

PRÉTÉRIT DÉFINI.

Je reçus.
Tu reçus.
Il reçut.
Nous reçûmes.
Vous reçûtes.
Ils reçurent.

PRÉTÉRIT INDÉFINI.

J'ai reçu.
Tu as reçu.
Il a reçu.
Nous avons reçu.
Vous avez reçu.
Ils ont reçu.

PRÉTÉRIT ANTÉRIEUR.

J'eus reçu.
Tu eus reçu.
Il eut reçu.
Nous eûmes reçu.
Vous eûtes reçu.
Ils eurent reçu.

PLUSQUE-PARFAIT.

J'avais reçu.
Tu avais reçu.
Il avait reçu.
Nous avions reçu.
Vous aviez reçu.
Ils avaient reçu.

FUTUR SIMPLE.

Je recevrai.
Tu recevras.
Il recevra.
Nous recevrons.
Vous recevrez.
Ils recevront.

FUTUR PASSÉ.

J'aurai reçu.
Tu auras reçu.
Il aura reçu.
Nous aurons reçu.
Vous aurez reçu.
Ils auront reçu.

CONDITIONNELS.

PRÉSENT.

Je recevrais.
Tu recevrais.
Il recevrait.
Nous recevrions.
Vous recevriez.
Ils recevraient.

PASSÉ.

J'aurais reçu.
Tu aurais reçu.
Il aurait reçu.
Nous aurions reçu.
Vous auriez reçu.
Ils auraient reçu.

On dit aussi : *j'eusse reçu, tu eusses reçu, il eût reçu, nous eussions reçu, vous eussiez reçu, ils eussent reçu.*

IMPÉRATIF.

Reçois.
Recevons.
Recevez.

SUBJONCTIF.

PRÉSENT OU FUTUR.

Que je reçoive.
Que tu reçoives
Qu'il reçoive.
Que nous recevions.
Que vous receviez.
Qu'ils reçoivent.

IMPARFAIT.

Que je reçusse.
Que tu reçusses.
Qu'il reçût.
Que nous reçussions.
Que vous reçussiez.
Qu'ils reçussent.

PRÉTÉRIT.

Que j'aie reçu.
Que tu aies reçu.
Qu'il ait reçu.
Que nous ayons reçu
Que vous ayez reçu.
Qu'ils aient reçu.

PLUSQUE-PARFAIT.

Que j'eusse reçu.
Que tu eusses reçu.
Qu'il eût reçu.
Que nous eussions reçu.
Que vous eussiez reçu
Qu'ils eussent reçu.

INFINITIF.

PRÉSENT.

Recevoir.

PRÉTÉRIT.

Avoir reçu.

PARTICIPES.

PRÉSENT.

Recevant.

PASSÉ.

Reçu, reçue, ayant reçu.

Ainsi se conjuguent *apercevoir*, *concevoir*, *devoir*, *percevoir*.

QUATRIÈME CONJUGAISON,

En RE.

INDICATIF.

PRÉSENT.

Je rends.
Tu rends.
Il rend.
Nous rendons.
Vous rendez.
Ils rendent.

IMPARFAIT.

Je rendais.
Tu rendais.
Il rendait.
Nous rendions.
Vous rendiez.
Ils rendaient.

PRÉTÉRIT DÉFINI.

Je rendis.
Tu rendis.
Il rendit.
Nous rendîmes.
Vous rendîtes.
Ils rendirent.

PRÉTÉRIT INDÉFINI.

J'ai rendu.
Tu as rendu.
Il a rendu.
Nous avons rendu.
Vous avez rendu.
Ils ont rendu.

PRÉTÉRIT ANTÉRIEUR.

J'eus rendu.
Tu eus rendu.
Il eut rendu.
Nous eûmes rendu.
Vous eûtes rendu.
Ils eurent rendu.

PLUSQUE-PARFAIT.

J'avais rendu.
Tu avais rendu.
Il avait rendu.
Nous avions rendu.
Vous aviez rendu.
Ils avaient rendu.

FUTUR SIMPLE.

Je rendrai.
Tu rendras.
Il rendra.
Nous rendrons.
Vous rendrez.
Ils rendront.

FUTUR PASSÉ.

J'aurai rendu.
Tu auras rendu.
Il aura rendu.
Nous aurons rendu.
Vous aurez rendu.
Ils auront rendu.

CONDITIONNELS.

PRÉSENT.

Je rendrais.
Tu rendrais.
Il rendrait.
Nous rendrions.
Vous rendriez.
Ils rendraient.

PASSÉ.

J'aurais rendu.
Tu aurais rendu.
Il aurait rendu.
Nous aurions rendu.
Vous auriez rendu.
Ils auraient rendu.

On dit aussi : *j'eusse rendu, tu eusses rendu, il eût rendu; nous eussions rendu, vous eussiez rendu, ils eussent rendu.*

IMPÉRATIF.

Rends.
Rendons.
Rendez.

SUBJONCTIF.

PRÉSENT OU FUTUR.

Que je rende.
Que tu rendes.
Qu'il rende.
Que nous rendions.
Que vous rendiez.
Qu'ils rendent.

IMPARFAIT.

Que je rendisse.
Que tu rendisses.
Qu'il rendît.
Que nous rendissions.
Que vous rendissiez.
Qu'ils rendissent.

PRÉTÉRIT.

Que j'aie rendu.
Que tu aies rendu.
Qu'il ait rendu.
Que nous ayons rendu.
Que vous ayez rendu.
Qu'ils aient rendu.

PLUSQUE-PARFAIT.

Que j'eusse rendu.
Que tu eusses rendu.
Qu'il eût rendu.
Que nous eussions rendu.
Que vous eussiez rendu.
Qu'ils eussent rendu.

INFINITIF.

PRÉSENT.

Rendre.

PRÉTÉRIT.

Avoir rendu.

PARTICIPES.

PRÉSENT.

Rendant.

PASSÉ.

Rendu, rendue, ayant rendu.

Ainsi se conjuguent *attendre*, *entendre*, *reprendre* *vendre*.

Des Temps des Verbes.

Les *Temps* des Verbes se divisent en temps simples et en temps composés.

Les temps ***simples*** sont ceux qui se conjuguent sans le secours d'un des temps du verbe ***avoir*** ou du verbe ***être*** : comme ***j'aimerai***, ***je reçois***, ***je rendais***, etc.

Les temps ***composés*** sont ceux qui se conjuguent avec un des temps du verbe ***avoir*** ou du verbe ***être***, comme ***j'ai fini***, ***j'eus rendu***, ***j'aurais reçu***, ***je suis parti***, ***je serais arrivé***, etc.

On distingue encore dans les verbes des temps primitifs et des temps dérivés.

Les temps ***primitifs*** d'un verbe sont ceux qui servent à former les autres temps dans les quatre conjugaisons et qui ne se forment d'aucun autre.

Les temps ***dérivés*** sont ceux qui se forment des temps primitifs.

Il y a cinq temps ***primitifs***, savoir : le présent de l'infinitif, le participe présent, le participe passé, le présent de l'indicatif, et le prétérit défini.

TABLEAU DES TEMPS PRIMITIFS.

	présent de l'infinitif.	participe présent.	participe passé.	présent de l'indicatif.	prétérit défini.
PREMIÈRE CONJUGAISON	Aimer.	Aimant.	Aimé.	J'aime.	J'aimai.
SECONDE CONJUGAISON.	Finir. Sentir. Ouvrir. Tenir.	Finissant. Sentant. Ouvrant. Tenant.	Fini. Senti. Ouvert. Tenu.	Je finis. Je sens. J'ouvre. Je tiens.	Je finis. Je sentis. J'ouvris. Je tins.
TROISIÈME CONJUGAISON.	Recevoir.	Recevant.	Reçu.	Je reçois.	Je reçus.
QUATRIÈME CONJUGAISON.	Rendre. Plaire. Paraître. Réduire. Plaindre.	Rendant. Plaisant. Paraissant. Réduisant. Plaignant.	Rendu. Plu. Paru. Réduit. Plaint.	Je rends. Je plais. Je parais. Je réduis. Je plais.	Je rendis. Je plus. Je parus. Je réduisis. Je plaignis.

I.

Du présent de l'indicatif se forme l'impératif, en ôtant seulement le pronom *je*. Exemples : ***j'aime***, impératif ***aime*** ; ***je finis***, imp. ***finis*** ; ***je reçois***, imp. ***reçois*** ; ***je rends***, imp. ***rends***.

Excepté quatre verbes : ***je suis***, imp. ***sois*** ; ***j'ai***, imp. ***aie*** ; ***je vais***, imp. ***va*** ; ***je sais***, imp. ***sache***.

II.

Du prétérit défini se forme l'imparfait du subjonctif en changeant *ai* en *asse*, pour la première conjugaison ; *j'aimai*, imparfait du subjonctif, *que j'aimasse* et en ajoutant seulement *se* pour les trois autres conjugaisons : *je finis, que je finisse*; *je reçus, que je reçusse*; *je rendis, que je rendisse.*

III.

Du présent de l'infinitif on forme :

1° Le futur de l'indicatif en changeant *r* ou *re* en *rai*. Exemples : *aimer, j'aimerai*; *finir, je finirai*; *prévoir, je prévoirai*; *rendre, je rendrai.*

EXCEPTIONS.

Première conjugaison. *Aller*, futur, *j'irai*; *envoyer*, *j'enverrai*; *employer*, *j'emploierai*; *appuyer*, *j'appuierai*; *nettoyer, je nettoierai.*

Seconde conjugaison. *Tenir*, futur, *je tiendrai*; *venir, je viendrai*; *courir, je courrai*; *cueillir, je cueillerai*; *mourir, je mourrai*; *acquérir, j'acquerrai.*

Troisième conjugaison. *Recevoir*, futur, *je recevrai*; *avoir, j'aurai*; *échoir, j'écherrai*; *pouvoir, je pourrai*; *savoir, je saurai*; *s'asseoir, je m'asseyerai*, ou *je m'assiérai*; *voir, je verrai*; *vouloir, je voudrai*; *valoir, je vaudrai*; *mouvoir, je mouvrai*; *devoir, je devrai*; *falloir, il faudra*; *pleuvoir, il pleuvra.*

Quatrième conjugaison. *Faire*, futur, *je ferai*; *être, je serai.*

2° Du futur de l'indicatif on forme le conditionnel présent, en changeant *rai* en *rais*, sans exception : *j'aimerai*, conditionnel, *j'aimerais*; *je finirai, je finirais*; *je recevrai, je recevrais*; *je rendrai, je rendrais.*

IV.

Du participe présent on forme :

1° L'imparfait de l'indicatif, en changeant *ant* en *ais*; *aimant*, imparfait, *j'aimais*; *finissant, je finissais*; *recevant, je recevais*; *rendant, je rendais.*

EXCEPTIONS.

Il n'y a que deux exceptions : *ayant, j'avais*; *sachant, je savais.*

2° Du même participe on forme les trois personnes plurielles du présent de l'indicatif en cette sorte :

La première en changeant *ant* en *ons*, *aimant*, *nous aimons*; *finissant*, *nous finissons*; *recevant*, *nous recevons*; *rendant*, *nous rendons*. Excepté: *étant*, *nous sommes*; *ayant*, *nous avons*; *sachant*, *nous savons*.

La seconde en changeant *ant* en *ez*, *aimant*, *vous aimez*: *finissant*, *nous finissez*; *recevant*, *vous recevez*; *rendant*, *vous rendez*. Excepté: *faisant*, *vous faites*; *disant*, *vous dites*; *sachant*, *vous savez*; *ayant*, *vous avez*; *étant*, *vous êtes*.

La troisième en changeant *ant* en *ent*; *aimant*, *ils aiment*; *finissant*, *ils finissent*; *rendant*, *ils rendent*. Excepté: *allant*, *ils vont*; *ayant*, *ils ont*; *faisant*, *ils font*; *étant*, *ils sont*; *recevant*, *ils reçoivent*; *mouvant*, *ils meuvent*.

3° Du même participe présent on forme le présent du subjonctif, en changeant *ant* en *e* muet: *aimant*, *que j'aime*; *finissant*, *que je finisse*; *rendant*, *que je rende* (1).

EXCEPTIONS.

Premiere conjugaison. *Allant*, *que j'aille*.

Seconde conjugaison. *Tenant*, *que je tienne*; *venant*, *que je vienne*; *acquérant*, *que j'acquière*; *mourant*, *que je meure*.

Troisième conjugaison. *Recevant*, *que je reçoive*; *devant*, *que je doive*; *pouvant*, *que je puisse*; *valant*, *que je vaille* (2); *voulant*, *que je veuille* (3); *mouvant*, *que je meuve*; *faillant*, *qu'il faille*.

Quatrième conjugaison. *Buvant*, *que je boive*; *faisant*, *que je fasse*; *étant*, *que je sois*.

V.

Du participe passé on forme tous les temps composés (de deux mots), en y joignant les temps simples des verbes auxiliaires *avoir*, *être*; comme *j'ai aimé*, *j'ai fini*, *je suis venu*, *je suis tombé*; *j'avais aimé*, *j'avais fini*, *j'étais venu*, *j'étais tombé*; *j'aurais aimé*; *j'aurais fini*, *je serais venu*, *je serais tombé*: *que j'eusse aimé*, *que j'eusse fini*, *que je fusse venu*, *que je fusse tombé*, etc.

---

(1) Tous les verbes qui ont un *y* avant la terminaison *ant* du participe présent, changent *y* en *i* au présent du subjonctif. Exemples: *ayant*, *que j'aie*; *croyant*, *que je croie*; *essuyant*, *que j'essuie*; *voyant*, *que je voie*.

(2) *Que tu vailles*, *qu'il vaille*, *que nous valions*, *que vous valiez*, *qu'ils vaillent*.

(3) *Que tu veuilles*, *qu'il veuille*, *que nous voulions*, *que vous vouliez*, *qu'ils veuillent*.

VERBES IRRÉGULIERS.

On appelle ***verbes irréguliers*** les verbes qui ne suivent pas toujours la règle générale des conjugaisons.

Plusieurs de ces verbes ne sont pas usités à certains temps et à certaines personnes.

TEMPS PRIMITIFS DES VERBES IRRÉGULIERS.

présent de l'infinitif.	participe présent.	participe passé.	présent de l'indicatif.	prétérit défini.
PREMIÈRE CONJUGAISON.				
Aller.	Allant.	Allé.	Je vais.	J'allai.
Puer.	Puant.	Pué.	Je pus.	Je puai.
SECONDE CONJUGAISON.				
Courir.	Courant.	Couru.	Je cours.	Je courus.
Cueillir.	Cueillant.	Cueilli.	Je cueille.	Je cueillis.
Fuir.	Fuyant.	Fui.	Je fuis.	Je fuis.
Mourir.	Mourant.	Mort.	Je meurs.	Je mourus.
Faillir.		Failli.		Je faillis.
Acquérir.	Acquérant.	Acquis.	J'acquiers.	J'acquis.
Saillir.	Saillant.	Sailli.	Il saille.	Il saillit.
Tressaillir.	Tressaillant.	Tressailli.	Je tressaille.	Je tressaillis.
Vêtir.	Vêtant.	Vêtu.	Je vêts.	Je vêtis.
Revêtir.	Revêtant.	Revêtu.	Je revêts.	Je revêtis.
TROISIÈME CONJUGAISON.				
Choir.				
Déchoir.		Déchu.	Je déchois.	Je déchus.
Echoir.	Échéant.	Echu.	Il échoit.	J'échus.
Falloir.		Fallu.	Il faut.	Il fallut.
Mouvoir.	Mouvant.	Mu.	Je meurs.	Je mus.
Pleuvoir.	Pleuvant.	Plu.	Il pleut.	Il plut.
Pouvoir.	Pouvant.	Pu.	Je puis.	Je pus.
Savoir.	Sachant.	Su.	Je sais.	Je sus.
S'asseoir.	S'asseyant	Assis.	Je m'assieds.	Je m'assis.
Surseoir.		Sursis.	Je surseois.	Je sursis.
Valoir.	Valant.	Valu.	Je vaux.	Je valus.
Voir.	Voyant.	Vu.	Je vois.	Je vis.
Vouloir.	Voulant.	Voulu.	Je veux.	Je voulus.

QUATRIEME CONJUGAISON.

présent de l'infinitif.	participe présent.	participe passé.	présent de l'indicatif.	prétérit défini.
Absoudre.	Absolvant.	Absous.	J'absous.	
Battre.	Battant.	Battu.	Je bats.	Je battis.
Boire.	Buvant.	Bu.	Je bois.	Je bús.
Braire.			Il brait.	
Bruire.	Bruyant.			
Circoncire.		Circoncis.	Je circoncis.	Je circoncis.
Clore.		Clos.	Je clos.	
Conclure.	Concluant.	Conclu.	Je conclus.	Je conclus.
Confire.	Confisant.	Confit.	Je confis.	Je confis.
Coudre.	Cousant.	Cousu.	Je couds.	Je cousis.
Croire.	Croyant.	Cru.	Je crois.	Je crus.
Dire.	Disant.	Dit.	Je dis.	Je dis.
Ecrire.	Ecrivant.	Ecrit.	J'écris.	J'écrivis.
Exclure.	Excluant	Exclus.	J'exclus.	J'exclus.
Faire.	Faisant.	Fait.	Je fais.	Je fis.
Lire.	Lisant.	Lu.	Je lis.	Je lus.
Luire.	Luisant.	Lui.	Je luis.	
Maudire.	Maudissant.	Maudit.	Je maudis.	Je maudis.
Mettre.	Mettant.	Mis.	Je mets.	Je mis.
Moudre.	Moulant.	Moulu.	Je mouds.	Je moulus.
Naître.	Naissant.	Né.	Je nais.	Je naquis.
Nuire.	Nuisant.	Nui.	Je nuis.	Je nuisis.
Prendre.	Prenant.	Pris.	Je prends.	Je pris.
Rire.	Riant.	Ri.	Je ris.	Je ris.
Rompre.	Rompant.	Rompu.	Je romps.	Je rompis.
Résoudre.	Résolvant.	Résous.	Je résous.	Je résolus.
Suffire.	Suffisant.	Suffi.	Je suffis.	Je suffis.
Suivre.	Suivant.	Suivi.	Je suis.	Je suivis.
Traire.	Trayant.	Trait.	Je trais.	
Vaincre.	Vainquant.	Vaincu.	Je vaincs.	Je vainquis.
Vivre.	Vivant.	Vécu.	Je vis.	Je vécus.

Nous ne marquons pas les verbes *composés*, parce qu'ils suivent la conjugaison de leurs *simples*; par exemple, les composés *promettre*, *admettre*, etc., se conjuguent comme le verbe simple *mettre*.

Au moyen de cette table et des règles que nous avons données sur la formation des temps, il n'y a point de verbe qu'on ne puisse conjuguer.

Accord des Verbes avec leur sujet.

On appelle ***sujet*** d'un verbe, ce qui est, ce qui fait ou souffre l'action exprimée par le verbe. On trouve le sujet en mettant ***qui est-ce qui***, devant le verbe ; la réponse à cette question indique le sujet. Quand je dis : ***l'enfant est sage***, ***qui est-ce qui est sage***? Réponse, ***l'enfant*** : voilà le sujet du verbe ***est***. ***Le lièvre court*** : ***qui est-ce qui court***? Réponse, ***le lièvre***, voilà le sujet du verbe ***court***.

RÈGLE.

Tout verbe doit être du même nombre et de la même personne que son sujet. Exemples : ***Je parle*** ; ***parle*** est du nombre singulier et de la première personne, parce que ***je***, son sujet, est du singulier et de la première personne : ***vous parlez tous deux*** : ***parlez*** est au nombre pluriel et de la seconde personne, parce que ***vous***, son sujet, est au nombre pluriel et de la seconde personne.

Première remarque. Quand un verbe a deux sujets singuliers, on met ce verbe au pluriel. Exemple : ***mon frère et ma sœur*** lisent.

Deuxième remarque. Quand les deux sujets sont de différentes personnes, on met le verbe à la plus noble personne : la première est plus noble que la seconde, la seconde est plus noble que la troisième. Exemples : ***Vous et moi*** nous lisons ; ***vous et votre frère*** vous lisez.

(La politesse française veut qu'on nomme d'abord la personne à qui l'on parle, et qu'on se nomme le dernier.)

Régime des Verbes actifs.

On appelle verbe ***actif*** celui qui exprime une action faite par le sujet, et après lequel on peut mettre le mot ***quelqu'un***, ou le mot ***quelque chose***. ***Aimer*** est un verbe actif, parce qu'on peut dire, ***aimer quelqu'un***, par exemple : ***j'aime Dieu***. Le mot qui suit le verbe actif s'appelle le ***régime*** de ce verbe. On connaît le régime en faisant la question ***qu'est-ce que?*** Exemple : ***qu'est-ce que j'aime***? Réponse, ***Dieu*** ; ***Dieu*** est le régime du verbe ***j'aime***.

RÈGLE.

Le régime d'un verbe actif se place ordinairement après le verbe, quand ce n'est pas un pronom. Exemples : ***j'aime*** Dieu ; ***le chat mange la souris*** ***la souris*** est le régime du verbe ***mange***.

Mais quand le régime est un pronom, il se met devant le verbe. Exemples: *Je* vous *aime*, pour *j'aime* vous; *il m'aime*, pour *il aime* moi.

Remarque. Outre ce premier régime, qu'on appelle *direct*, certains verbes actifs peuvent avoir un second régime, qu'on appelle *indirect*. Ce second régime se marque par les mots *à* ou *de*. Exemples: *donner une image* à *l'enfant*, *enseigner la grammaire* à *l'enfant*, *écrire une lettre* à *son ami*; à *l'enfant* est le régime indirect des verbes *donner*, *enseigner*; à *son ami*, est le régime indirect du verbe *écrire*. *Accuser quelqu'un* de *mensonge*, *avertir quelqu'un* d'une *faute*; *délivrer quelqu'un* du *danger*; du *mensonge* est le régime indirect du verbe *accuser*, etc.

Tout verbe actif a un passif; ce passif se forme en prenant le régime *direct* de l'actif, pour en faire le sujet du verbe passif, et en ajoutant après le verbe le mot *par* ou *de*. Ainsi, pour tourner par le passif ces phrases: *le chat mange la souris*; dites, *la souris est mangée* par *le chat*; *j'aime mon père tendrement*; dites: *mon père est tendrement aimé* de *moi*.

CONJUGAISON DES VERBES PASSIFS.

Il n'y a qu'une conjugaison pour tous les verbes passifs: elle se fait avec l'auxiliaire *être* dans tous ses temps, et le participe passé du verbe que l'on veut conjuguer.

INDICATIF.

PRÉSENT.

Je suis aimé, ou aimée.
Tu es aimé, ou aimée.
Il est aimé, ou elle est aimée.
Nous sommes aimés, ou aimées.
Vous êtes aimés, ou aimées.
Ils sont aimés, ou elles sont aimées.

IMPARFAIT.

J'étais aimé, ou aimée.
Tu étais aimé, ou aimée.
Il était aimé, ou elle était aimée.
Nous étions aimés, ou aimées
Vous étiez aimés, ou aimées.
Ils étaient aimés, ou elles étaient aimées.

PRÉTÉRIT DÉFINI.

Je fus aimé, ou aimée.
Tu fus aimé, ou aimée.
Il fut aimé, ou elle fut aimée.
Nous fûmes aimés, ou aimées.
Vous fûtes aimés, ou aimées.
Ils furent aimés, ou elles furent aimées.

PRÉTÉRIT INDÉFINI.

J'ai été aimé, ou aimée.
Tu as été aimé, ou aimée.
Il a été aimé, ou elle a été aimée
Nous avons été aimés, ou aimées
Vous avez été aimés, ou aimées.
Ils ont été aimés, ou elles ont été aimées.

PRÉTÉRIT ANTÉRIEUR.

J'eus été aimé, ou aimée.
Tu eus été aimé, ou aimée.
Il eut été aimé, ou elle eut été aimée.
Nous eûmes été aimé, ou aimées.
Vous eûtes été aimés, ou aimées.

Ils eurent été aimés, ou elles eurent été aimées.

PLUSQUE-PARFAIT.

J'avais été aimé, ou aimée.
Tu avais été aimé, ou aimée.
Il avait été aimé, ou elle avait été aimée.
Nous avions été aimés, ou aimées.
Vous aviez été aimés, ou aimées.
Ils avaient été aimés, ou elles avaient été aimées.

FUTUR SIMPLE.

Je serai aimé, ou aimée.
Tu seras aimé, ou aimée.
Il sera aimé, ou elle sera aimée.
Nous serons aimés, ou aimées.
Vous serez aimé, ou aimées.
Ils seront aimés, ou elles seront aimées

FUTUR SIMPLE.

J'aurai été aimé, ou aimée.
Tu auras été aimé, ou aimée.
Il aura été aimé, ou elle aura été aimée.
Nous aurons été aimés, ou aimées.
Vous aurez été aimés, ou aimées.
Ils auront été aimés, ou elles auront été aimées.

CONDITIONNELS.

PRÉSENT.

Je serais aimé, ou aimée.
Tu serais aimé, ou aimée.
Il serait aimé, ou elle serait aimée.
Nous serions aimés, ou aimées.
Vous seriez aimés, ou aimées.
Ils seraient aimés, ou elles seraient aimées.

PASSÉ.

J'aurais été aimé, ou aimée.
Tu aurais été aimé, ou aimée.
Il aurait été aimé, ou elle aurait été aimée.
Nous aurions été aimés, ou aimées.
Vous auriez été aimés, ou aimées.
Ils auraient été aimés, ou elles auraient été aimées.

On dit aussi : *j'eusse été aimé*, ou *aimé*; *tu eusses été aimé*, ou *aimée*; *il eût été aimé*, ou *elle eût été aimée*, *nous eussions été aimés*, ou *aimées; vous eussiez été aimés* ou *aimées; ils eussent été aimés* ou *elles eussent été aimées.*

IMPÉRATIF.

Point de première personne.

Sois aimé, ou aimée.
Soyons aimés, ou aimées.
Soyez aimés, ou aimées.

SUBJONCTIF.

PRÉSENT OU FUTUR.

Que je sois aimé, ou aimée.
Que tu sois aimé, ou aimée.
Qu'il soit aimé, ou qu'elle soit aimée.
Que nous soyons aimés, ou aimées.
Que vous soyez aimés, ou aimées.
Qu'ils soient aimés, ou qu'elles soient aimées.

IMPARFAIT.

Que je fusse aimé, ou aimée.
Que tu fusses aimé, ou aimée.
Qu'il fût aimé, ou qu'elle fût aimée.
Que nous fussions aimés, ou aimées.
Que vous fussiez aimés, ou aimées.
Qu'ils fussent aimés, ou qu'elles fussent aimées.

PRÉTÉRIT.

Que j'aie été aimé, ou aimée.
Que tu aies été aimé, ou aimée.
Qu'il ait été aimé, ou qu'elle ait été aimée.
Que nous ayons été aimés, ou aimées.
Que vous ayez été aimés, ou aimées.
Qu'ils aient été aimés, ou qu'elles aient été aimées.

PLUSQUE-PARFAIT.

Que j'eusse été aimé, ou aimée.
Que tu eusses été aimé, ou aimée.
Qu'il eût été aimé, ou qu'elle eût été aimée.
Que nous eussions été aimés, ou aimées.
Que vous eussiez été aimés, ou aimées.
Qu'ils eussent été aimés ou qu'elles eussent été aimées.

INFINITIF.

PRÉSENT.

Être aimé, ou aimée.

PRÉTÉRIT.

Avoir été aimé, ou aimée.

PARTICIPES.

PRÉSENT.

Étant aimé, ou aimée.

FUTUR.

Devant être aimé, ou aimee.

Ainsi se conjuguent *être fini*, *être reçu*, *être vendu*, *etc.*

Régime des Verbes passifs.

Règle. On met *de* ou *par* devant le nom ou le pronom qui est le régime du verbe passif.

EXEMPLES.

La souris est mangée par *le chat.*
Un enfant sage est aimé de *ses parents.*
Remarque. N'employez jamais *par* avec le nom *Dieu*, dites : *les méchants seront punis* de *Dieu*, et non pas *seront punis* par *Dieu*.

VERBES NEUTRES.

On appelle verbes *neutres*, les verbes après lesquels on ne peut mettre ni le mot *quelqu'un*, ni le mot *quelque chose*. *Languir*, *dormir*, sont des verbes neutres, parce qu'on ne peut pas dire : *languir quelqu'un*; *dormir quelque chose*, etc. On les appelle *neutres*, parce qu'ils ne sont ni *actifs*, ni *passifs*.

La plupart des verbes neutres se conjuguent comme les verbes actifs, avec l'auxiliaire *avoir : j'ai dormi*, *j'avais dormi*, *j'aurais dormi*, etc. Mais il y a des verbes neutres qui se conjuguent dans leurs temps composés avec l'auxiliaire *être*, comme *venir*, *arriver*, *tomber*.

CONJUGAISON DES VERBES NEUTRES.

INDICATIF.

PRÉSENT.

Je tombe.
Tu tombes.
Il, ou elle tombe.
Nous tombons.
Vous tombez.
Ils, ou elles tombent.

IMPARFAIT.

Je tombais.
Tu tombais.
Il, ou elle tombait
Nous tombions.
Vous tombiez.
Ils, ou elles tombaient.

PRÉTÉRIT DÉFINI.

Je tombai.
Tu tombas.
Il, ou elle tomba.
Nous tombâmes.
Vous tombâtes.
Ils, ou elles tombèrent.

PRÉTÉRIT INDÉFINI.

Je suis tombé, ou tombée.
Tu es tombé, ou tombée.
Il est tombé, ou elle est tombée.

Il est tombé, ou elle est tombée.
Nous sommes tombés, ou tombées.
Vous êtes tombés, ou tombées.
Ils sont tombés, ou elles sont tombées.

PRÉTÉRIT ANTÉRIEUR.

Je fus tombé, ou tombée.
Tu fus tombé, ou tombée.
Il fut tombé, ou elle fut tombée.
Nous fûmes tombés, ou tombées.
Vous fûtes tombés, ou tombées.
Ils furent tombés, ou elles furent tombées.

PLUSQUE-PARFAIT.

J'étais tombé, ou tombée.
Tu étais tombé, ou tombée.
Il était tombé, ou elle était tombée.
Nous étions tombés, ou tombées.
Vous étiez tombés, ou tombées.
Ils étaient tombés, ou elles étaient tombées.

FUTUR SIMPLE.

Je tomberai.
Tu tomberas.
Il, ou elle tombera.
Nous tomberons.
Vous tomberez.
Ils, ou elles tomberont.

FUTUR PASSÉ.

Je serai tombé, ou tombée.
Tu seras tombé, ou tombée.
Il sera tombé, ou elle sera tombée.
Nous serons tombés, ou tombées.
Vous serez tombés, ou tombées.
Ils seront tombés, ou elles seront tombées.

CONDITIONNELS.

PRESENT.

Je tomberais.
Tu tomberais.
Il, ou elle tomberait.
Nous tomberions.
Vous tomberiez.
Ils, ou elles tomberaient.

PASSÉ.

Je serais tombé, ou tombée.
Tu serais tombé, ou tombée.
Il serait tombé, ou elle serait tombée.
Nous serions tombés ou tombées.
Vous seriez tombés, ou tombées.
Ils seraient tombés, ou elles seraient tombées.

On dit aussi : *Je fusse tombé, ou tombée; tu fusses tombé ou tombée; il fût tombé, ou elle fût tombée; nous fussions tombés, ou tombées; vous fussiez tombés, ou tombées; ils fussent tombés, ou elles fussent tombées.*

IMPÉRATIF.

Point de première personne.

Tombe.
Tombons.
Tombez.

SUBJONCTIF.

PRÉSENT OU FUTUR.

Que je tombe.
Que tu tombes.
Qu'il, ou qu'elle tombe.
Que nous tombions.
Que vous tombiez.
Qu'ils, ou qu'elles tombent.

IMPARFAIT.

Que je tombasse.
Que tu tombasses.
Qu'il, ou qu'elle tombât.
Que nous tombassions.
Que vous tombassiez.
Qu'ils, ou qu'elles tombassent.

PRÉTÉRIT.

Que je sois tombé, ou tombée.
Que tu sois tombé, ou tombée.
Qu'il soit tombé, ou qu'elle soit tombée.
Que nous soyons tombés, ou tombées.
Que vous soyez tombés, ou tombées.
Qu'ils soient tombés, ou qu'elles soient tombées.

PLUSQUE-PARFAIT.

Que je fusse tombé, ou tombée.
Que tu fusses tombé, ou tombée.
Qu'il fût tombé, ou qu'elle fût tombée.
Que nous fussions tombés, ou tombées.
Que vous fussiez tombés, ou tombées.
Qu'ils fussent tombés, ou qu'elles fussent tombées.

INFINITIF.

PRESENT.

Tomber.

PRÉTÉRIT.
Être tombé, ou tombée.

PARTICIPES.

PRÉSENT.
Tombant.

PASSÉ.
Tombé, tombée, étant tombé.

FUTUR.
Devant tomber.

Conjuguez de même les verbes, *aller*, *arriver*, *déchoir*, *décéder*, *entrer*, *sortir*, *mourir*, *naître*, *partir*, *rester*, *descendre*, *monter*, *passer*, *venir* et ses composés *devenir*, *survenir*, *revenir*, *parvenir*, etc.

Il y a des verbes neutres qui ont un régime.

Régime des Verbes neutres.

RÈGLE. On met *à* ou *de* devant le nom ou le pronom qui suit le verbe neutre.

EXEMPLES.

A.	DE.
Nuire à *la santé.*	*Médire* de *quelqu'un.*
Plaire au *roi.*	*Profiter* des *leçons.*
Convenir à *quelqu'un.*	*Jouir de* la *liberté.*

VERBES RÉFLECHIS.

On appelle Verbes *réfléchis*, ceux dont le sujet et le régime sont de la même personne : comme, *je me flatte tu te loues, il se blesse*, etc.

Les verbes *réfléchis* se conjuguent comme le verbe *tomber*, c'est-à-dire, qu'ils prennent l'auxiliaire *être* aux temps composés. Nous ne mettrons ici que les premières personnes

CONJUGAISON DES VERBES RÉFLÉCHIS.

INDICATIF.

PRÉSENT.
Je me repens.
Tu te repens.
Il ou elle se repent.
Nous nous repentons.
Vous vous repentez.
Ils ou elles se repentent.

IMPARFAIT.
Je me repentais, etc.

PRETÉRIT DÉFINI.
Je me repentis, etc.

PRÉTÉRIT INDÉFINI.
Je me suis repenti, ou repentie

PRÉTÉRIT ANTÉRIEUR.
Je me fus repenti, ou repentie.

PLUSQUE-PARFAIT.
Je m'étais repenti, ou repentie.

FUTUR.
Je me repentirai.

FUTUR PASSÉ.
Je me serai repenti, ou repentie

CONDITIONNELS.

PRÉSENT.
Je me repentirais.

PASSÉ.
Je me serai repenti, ou repe

On dit aussi : *je me fusse redenti*, ou *repentie*.

IMPÉRATIF.

Point de première personne.

pens-toi.
pentons-nous.
pentez-vous.

SUBJONCTIF.

PRÉSENT OU FUTUR.

que je me repente.

IMPARFAIT.

Que je me repentisse.

PRÉTÉRIT.

Que je me sois repenti, ou repentie.

PLUSQUE-PARFAIT.

Que je me fusse repenti, ou repentie.

INFINITIF.

PRÉSENT.

Se repentir.

PRÉTÉRIT.

S'être repenti, ou repentie.

PARTICIPES.

PRÉSENT.

Se repentant.

PASSÉ.

Repenti, s'étant repenti ou repentie.

FUTUR.

Devant se repentir.

Remarque. *Me, te, se, nous, vous*, qui sont le régime des verbes réfléchis, sont quelquefois régime direct : comme dans *je me flatte*, c'est-à-dire, *je flatte* moi : *tu te blesseras*, c'est-à-dire, *tu blesseras* toi : et quelquefois ils sont régime *indirect* comme dans ces exemples, *je* me *fais une loi*, c'est-à-dire, *je fais* à moi *une loi* : *il* s'*est fait honneur*, c'est-à-dire, *il a fait honneur* à soi, etc.

VERBES IMPERSONNELS.

On appelle Verbe *impersonnel* celui qui ne s'emploie dans tous les temps qu'à la troisième personne du singulier, comme *il faut, il importe, il pleut*, etc. Il se conjugue à cette troisième personne, comme les autres verbes.

CONJUGAISON DES VERBES IMPERSONNELS.

INDICATIF.

PRÉSENT.

Il faut.

IMPARFAIT.

Il fallait.

PRÉTÉRIT DÉFINI.

Il fallut.

PRÉTÉRIT INDÉFINI.

Il a fallu.

PRÉTÉRIT ANTÉRIEUR.

Il eut fallu.

PLUSQUE-PARFAIT.

Il avait fallu.

FUTUR.

Il faudra.

FUTUR PASSÉ.

Il aura fallu.

CONDITIONNELS.

PRÉSENT.

Il faudrait.

PASSÉ.

Il aurait fallu.

SUBJONCTIF.

PRÉSENT OU FUTUR.

Qu'il faille.

IMPARFAIT.

Qu'il fallût.

PRÉTÉRIT.

Qu'il ait fallu.

PLUSQUE—PARFAIT.
Il eût fallu.

INFINITIF.
PRÉSENT.
Falloir.

PARTICIPE.
PASSÉ.
Ayant fallu.

Remarque. Le mot *il* ne marque un verbe *impersonnel* que lorsqu'on ne peut pas mettre un nom à sa place; car lorsqu'en parlant d'un enfant, on dit: *il joue*; ce verbe n'est pas impersonnel, parce qu'à la place du mot *il*, on peut mettre le mot *enfant*, et dire l'*enfant joue*.

CHAPITRE VI.

SIXIÈME ESPÈCE DE MOTS.

Le Participe.

LE PARTICIPE est un mot qui tient du verbe et de l'adjectif, comme *aimant*, *aimé*. Il tient du verbe en ce qu'il en a la signification et le regime: *aimant Dieu*, *aimé de Dieu*; il tient de l'adjectif, en ce qu'il qualifie une personne ou une chose, c'est-à-dire qu'il en marque la qualité.

Il y a deux sortes de participes: le participe présent et le participe passé.

Du Participe présent.

Règle. Le participe présent, comme *aimant*, *finissant*, *recevant*, *rendant*, ne varie jamais, c'est-à-dire, qu'il ne prend ni genre, ni nombre; il est toujours terminé en *ant*.

EXEMPLES:

Un homme lisant.	*Une femme* lisant.
Des hommes lisant.	*Des femmes* lisant.

Remarque. Ce qu'on appelle *gérondif*, n'est autre chose que le participe présent, devant lequel on met le mot *en*, comme: *les jeunes gens se forment l'esprit en lisant de bons livres*: *en lisant* est un gérondif.

Il ne faut pas confondre avec le participe présent certains adjectifs verbaux, c'est-à-dire, qui viennent des verbes, comme *obligeant*, *obligeante*; *charmant charmante*; *suppliant*, *suppliante*. Le participe présent marque une action: il est ordinairement suivi d'un régime ou d'un autre mot qui en dépend. L'adjectif verbal, au contraire, marque un état, et peut être précédé de *qui* et d'un temps du verbe *être*. On dit: *un homme obligeant*, *prévenant*; *une femme obligeante*; *préve-*

nante: ces mots *obligeant*, *obligeante*; *prévenant*, *prévenante*, sont, non des participes présents, mais des adjectifs verbaux, parce qu'ils n'ont pas de régime, et qu'on peut dire *qui est obligeant*, *prévenant*, *qui est obligeante*, *prévenante*. Mais dans cette phrase : *cette femme est d'un bon caractère*, obligeant *tout le monde quand elle peut*, prévenant *même les besoins des malheureux*, les mots *obligeant*, *prévenant*, sont participes présents, parce qu'ils marquent une action, et qu'il sont suivis des régimes *tout le monde*, *les besoins*.

Du Participe passé.

Le participe passé, comme *aimé*, *fini*, *reçu*, *rendu*, employé seul, c'est-à-dire, sans être accompagné d'un des temps des verbes auxiliaires *avoir* ou *être*, s'accorde en genre et en nombre avec le nom auquel il est joint, parce qu'alors il est regardé comme adjectif.

On dit : *une lettre bien* écrite, *des billets* reçus *ou* rendus, *des ouvrages* achevés.

Accord du Participe passé avec le sujet.

Première Règle. Le participe passé joint à un des temps du verbe auxiliaire *être*, s'accorde en genre et en nombre avec le sujet, c'est-à-dire, que l'on ajoute *e* muet si le sujet est féminin, et *s* si le sujet est pluriel.

EXEMPLES

Mon frère a été puni.	*Ma sœur a été* punie. (*)
Mes frères ont été punis.	*Mes sœurs ont été* punies.
Mon frère est tombé.	*Ma sœur est* tombée.
Mes frères sont tombés.	*Mes sœurs sont* tombées.

Exception unique.

Dans les temps composés des verbes réfléchis, le participe passé ne s'accorde pas avec son sujet. On dit d'une femme, *elle s'est* mis *cela dans la tête*, et non pas *s'est* mise *cela*, *quelques païens se sont* donné *la mort*, et non pas *se sont* donnés.

Deuxième règle. Quand le participe passé est joint à un temps du verbe auxiliaire *avoir*, il ne s'accorde jamais avec le sujet.

(*) Le participe *été* n'a ni féminin, ni pluriel, on dit : *elle a* été, *elles ont* été.

EXEMPLES :

Mon père a écrit *une lettre.*	*Mes frères ont* écrit *une lettre.*
Ma mère a écrit *une lettre.*	*Mes sœurs ont* écrit *une lettre.*

Le participe *écrit* ne change point, quoique le sujet soit masculin ou féminin, singulier ou pluriel.

Accord du Participe passé avec le régime direct.

Première règle. Le participe passé joint au verbe ***avoir***, ou au verbe ***être*** dans les verbes réfléchis, s'accorde toujours avec le régime direct, quand ce régime est avant le participe.

EXEMPLE.

La lette que ***vous avez*** écrite, ***je*** l'***ai*** lue.
L'ariette que ***nous avons*** chantée, ***est jolie.***
Les livres que ***j'avais*** prêtés, ***on*** les ***a*** rendus.
Combien de victoires ***le général n'a-t-il pas*** remportées.
Quelle affaire ***avez-vous*** entreprise?
Ma sœur s'est louée.
Les chimères que ***ma mère s'est*** mise ***dans la tête.***
Que de villes ***les hommes se sont*** bâties !

On voit que le régime placé avant le participe est ordinairement un des pronoms ***le***, ***la***, ***les***, ***que***, ***me***, ***te***, ***se***, ***nous***, ***vous***, et ***quel*** suivi d'un nom.

Deuxième règle. Quand le régime direct n'est placé qu'après le participe, ce participe ne s'accorde pas avec le régime.

EXEMPLES :

J'ai écrit *une lettre.*	*J'ai* écrit *des lettres.*
Vous avez acheté *un livre.*	*Vous avee* acheté *des livres.*

Écrit, ***acheté***, ne changent pas, quoique le régime soit singulier ou pluriel, masculin ou féminin, parce que ce régime est après le participe (*).

Remarque. On dit sans faire accorder : ***les vertus que***

(*) Pour trouver facilement le régime direct, il faut placer l'interrogation *qui* ou *quoi*, immédiatement après le participe. Si le mot qui répond à cette interrogation est avant le participe, il y a accord : s'il n'est qu'après, il n'y a pas accord.

j'ai entendu *louer; les vices que j'ai* résolu *d'éviter*: *que* n'est pas ici le régime des participes *entendu*, *résolu*, mais des infinitifs suivants *louer*, *éviter*. Pour connaître si le régime dépend du participe, il faut voir si l'on peut mettre ce régime immédiatement après le participe. On ne peut pas dire ici: *j'ai entendu les vertus*, *j'ai résolu les vices*.

CHAPITRE VII.

SEPTIÈME ESPÈCE DE MOTS.

La Préposition.

La Préposition est un mot invariable qui sert à marquer le rapport du nom ou du pronom suivant au mot qui la précède. Par exemple, quand je dis: *le fruit de l'arbre*, *de* marque le rapport qu'il y a entre *fruit* et *arbre*: quand je dis: *utile* à *l'homme*, *à* fait rapporter le nom *homme* à l'adjectif *utile*. *De*, *à*, sont des prépositions: le mot qui suit s'appelle le *régime* de la *préposition*.

Cette espèce de mot s'appelle *préposition*, parce qu'elle précède ordinairement le nom ou le pronom qui est son régime, et sans lequel elle ne formerait aucun sens.

PRÉPOSITIONS FRANÇAISES.

Pour marquer la place ou *le lieu.*

A. Attacher *à* la muraille, vivre *à* Paris, aller *à* Rome.
Dans. Etre *dans* la maison, serrer *dans* une cassette.
En. Etre *en* Italie, voyager *en* Allemagne.
De. Sortir *de* la ville, venir *de* la province.
Chez. Etre *chez* un ami, ce livre est *chez* le libraire.
Devant. Le berger marche *devant* le troupeau, allez *devant* moi.
Après. J'irai *après* vous, courir *après* quelqu'un
Derrière. Les brebis marchent *derrière* le berger, se cacher *derrière* un mur.
Parmi. Cet officier fut trouvé *parmi* les morts.
Sur. Avoir son chapeau *sur* la tête, mettre un flambeau *sur* la table.
Sous. Mettre un tapis *sous* les pieds, tout ce qui est *sous* le ciel.
Vers. Les yeux levés *vers* le ciel, l'aimant se tourne *vers* le nord.

Pour marquer l'ordre.

Avant. La nouvelle est arrivée ***avant*** le courrier.
Entre. Tenir un enfant ***entre*** ses bras, ***entre*** le printemps et l'automne.
Dès. Cette rivière est navigable ***dès*** sa source, ***dès*** sa plus tendre enfance.
Depuis. ***Depuis*** Paris jusqu'à Orléans, ***depuis*** la création jusqu'au déluge.

Pour marquer l'union.

Avec. Manger ***avec*** ses amis, il est parti ***avec*** la fièvre.
Pendant. ***Pendant*** la guerre.
Durant. ***Durant*** la guerre.
Outre. Compagnie de cent hommes, ***outre*** les officiers.
Selon. Se conduire ***selon*** la raison.
Suivant. ***Suivant*** la loi.

Pour marquer séparation.

Sans. Les soldats ***sans*** leurs officiers.
Hors. Tout est perdu ***hors*** l'honneur.
Excepté. Tout est perdu ***excepté*** l'honneur.

Pour marquer opposition.

Contre. Ecoliers révoltés ***contre*** le maître, plaider ***contre*** quelqu'un.
Malgré. Il est parti ***malgré*** moi.
Nonobstant. Il a fait cela, ***nonobstant*** mes représentations.

Pour marquer le but.

Envers. Charitable ***envers*** les pauvres, son respect ***envers*** les magistrats.
Touchant. Il m'a écrit ***touchant*** cette affaire.
Pour. Travailler ***pour*** le bien public, étudier ***pour*** so instruction.

Pour marquer la cause, le moyen.

Par. Fléchir ***par*** ses prières, tout a été créé ***par*** la parole de Dieu.
Moyennant. J'espère, ***moyennant*** la grâce de Dieu.
Attendu. Le courrier n'a pu partir, ***attendu*** le mauvais temps.

CHAPITRE VIII.

HUITIÈME ESPÈCE DE MOTS.

L'Adverbe.

L'ADVERBE est un mot invariable qui se joint ordinairement au verbe ou à l'adjectif, pour en déterminer la signification. Ainsi, quand on dit : *cet enfant parle distinctement* : par ce mot *distinctement*, l'on fait entendre qu'il parle d'une manière plutôt que d'une autre.

1° Il y a des adverbes qui marquent la manière ; ils sont presque tous terminés en *ment*, et ils se forment des adjectifs : comme *sagement* de *sage*, *poliment* de *poli*, *agréablement* d'*agréable*, *modestement* de *modeste*, *constamment* de *constant*, etc.

2° Il y a des adverbes qui marquent *l'ordre :* comme *premièrement*, *secondement*, *d'abord*, *ensuite*, *auparavant*. Exemple : d'abord *il faut éviter le mal*, ensuite *il faut faire le bien*.

3° Il y a des adverbes qui marquent le lieu : comme *où*, *ici*, *là*, *deçà*, *au-delà*, *dessus*, *partout*, *auprès*, *loin*, *dedans*, *dehors*, *ailleurs*. Exemples : où *êtes-vous ?* *je suis* ici, *je vais*-là.

4° Il y a des adverbes de temps : comme, *hier*, *autrefois*, *bientôt*, *souvent*, *toujours*, *jamais*, etc. Exemples : *cet enfant joue* toujours, *et ne s'applique* jamais.

5° Il y a des adverbes de quantité : comme *beaucoup* *peu*, *assez*, *trop*, *tant*, etc. Exemples : *il parle* beaucoup, *et réfléchit* peu.

6° Enfin, il y a des adverbes de comparaison : comme *plus*, *moins*, *aussi*, *autant*, etc. Exemples : plus *sage*, ussi *sage*, moins *sage que vous*.

Remarque. Certains adjectifs sont quelquefois employés comme adverbes ; on dit : chanter *juste*, parler *bas* voir *clair*, rester *court*, frapper *fort*, sentir *bon*, etc.

CHAPITRE IX.

NEUVIÈME ESPÈCE DE MOTS

La Conjonction.

Remarque. L'ON a vu jusqu'à présent comment les mots se joignent ensemble, pour former un sens : les mots ainsi réunis font une *phrase* ou *proposition*. La plus petite proposition doit avoir au moins deux mots ; le sujet et le verbe, comme *je chante*, *vous lisez*, *l'homme meurt* : souvent le verbe, comme *je chante un air*, *vous lisez une lettre*, etc.

La Conjonction est un mot invariable qui sert à joindre une phrase à une autre phrase.

Par exemple, quand on dit : *il pleure* et il *rit en même temps*, ce mot *et* lie la première phrase *il pleure*, avec la seconde *il rit*.

Différentes sortes de Conjonctions.

1° Pour marquer liaison : *et*, *ni*, *aussi*, *que*.

2° Pour marquer opposition : *mais*, *cependant*, *néanmoins*, *pourtant*.

3° Pour marquer division : *ou*, *ou bien*, *soit*.

4° Pour marquer exception : *sinon*, *quoique*.

5° Pour comparer : *comme*, *de même que*, *ainsi que*.

6° Pour ajouter : *de plus*, *d'ailleurs*, *outre que*, *encore que*.

7° Pour rendre raison : *car*, *parce que*, *puisque*, *vu que*.

8° Pour marquer l'intention : *afin que*, *de peur que*.

9° Pour conclure : *or*, *donc*, *ainsi*, *de sorte que*.

10° Pour marquer le temps : *quand*, *lorsque*, *comme*, *dès*, *tandis que*.

11° Pour marquer le doute : *si*, *supposé que*, *pourvu que*, *en cas que*.

Il y a plusieurs autres Conjonctions, l'usage les fera connaître : la plus ordinaire est *que*. On distingue la conjonction *que* du *que* relatif, en ce qu'elle ne peut pas se tourner par *lequel*, *laquelle* ; on la distingue du *que* interrogatif, en ce qu'elle ne peut pas se tourner par *quelle chose*.

Régime des Conjonctions.

Parmi les conjonctions, les unes veulent le verbe suivant au subjonctif, les autres à l'indicatif.

Voici celles qui régissent le subjonctif : *soit que*, *sans que*, *si ce n'est que*, *quoique*, *pourvu que*, *supposé que*, *non pas que*, *afin que*, *de peur que*, *de crainte que*, et en général quand on marque quelque doute ou quelque souhait : comme *je souhaite*, *je doute* que *cet enfant soit jamais savant*.

CHAPITRE X.

DIXIÈME ESPÈCE DE MOTS.

L'Interjection.

L'Interjection est un mot invariable dont on se sert pour exprimer un sentiment de l'âme, comme la joie, la douleur, etc.

La joie : *Ah! bon!*
La douleur : *Aye! Ah, Hélas! Ouf!*
La crainte : *Ha! Hélas!*
L'aversion : *Fi! Fi donc!*
L'admiration : *Oh!*
Pour encourager : *Ça, Allons, Courage.*
Pour appeler : *Holà! Hé.*
Pour faire taire : *Chut, Paix.*

REMARQUES PARTICULIÈRES

SUR CHAQUE ESPÈCE DE MOTS.

DES LETTRES.

H est aspiré dans *héros* : on dit le *héros* ; il n'est point aspiré dans *héroïsme*, *héroïque*, *héroïne* ; on dit : l'*héroïsme de la vertu*, l'*héroïque valeur*, l'*héroïne*.

L au milieu et à la fin des mots, quand il est précédé d'un *i* est ordinairement mouillé et se prononce comme dans ces mots, *soleil*, *orgueil*, *famille*, *bouillir*.

On écrit *œil*, que l'on prononce comme *euil*.

S entre deux voyelles se prononce comme *z*. Exemples : *maison*, *poison*, excepté les mots *désuétude*, *monosyllabe*, *préséance*, *présupposer*, *vraisemblable*, où l'on conserve la prononciation de *s*.

S a encore le son du *z* dans *trans*, suivi d'une voyelle : *transaction*, *transiger*, etc. *Transir* se prononce néanmoins *trancir*.

D à la fin d'un mot se prononce comme *t* devant une voyelle ou un *h* muet ; on écrit *grand homme*, et prononce comme s'il y avait *grant homme*

Gn au milieu d'un mot est mouillé, et se prononce comme dans *ignorance*, *magnanime*: il a le son dur et se prononce comme *gne*: dans *progné*, *inexpugnable*, *stagnant*, *ignée*, *gnome*.

T ne se prononce pas à la fin de ces mots *respect*, *aspect*, *circonspect*, même quand le mot suivant commence par une voyelle ou par un *h* muet: ainsi prononcez *respect humain*, comme s'il y avait *respec humain*.

DES NOMS COMPOSÉS.

Quand un nom est composé d'un adjectif et d'un nom, ils prennent tous deux la marque du pluriel. Exemples: *un arc-boutant*, *des arcs-boutants*; *un gentilhomme*, *des gentilshommes*.

Quand il est composé de deux noms unis par une préposition, on ne met la marque du pluriel qu'au premier des deux noms. Exemples: *un chef-d'œuvre*, *des* chefs-*d'œuvre*; *un arc-en-ciel*, *des* arcs-*en-ciel*.

Quand il est composé d'une préposition et d'un nom, le nom seul prend la marque du pluriel. Exemples: *un entre-sol*, *des entre*-sols; *un garde-fou*, *des garde*-fous.

NOMS DE NOMBRE.

Cent au pluriel, et *vingt* dans *quatre-vingts*, *six-vingts* prennent une *s* quand ils sont suivis d'un nom. Exemple: *deux* cents *hommes*, *quatre*-vingts *volumes*, *cent* vingts *arbres*.

Il prennent encore *s* quand le nom est sous-entendu Exemple: *vous avez soixante ans*, *moi j'en ai quatre-vingts*.

Mais *cent* et *vingt*, quoique au pluriel, ne prennent point *s*, quand ils sont suivis d'un autre nom de nombre. Exemples: *deux* cent *trois chevaux*, *quatre*-vingt-*deux soldats*.

Pour la date des années, on écrit *mil*. Exemple: *le froid fut très-grand en* mil *sept cent neuf*. Partout ailleurs on écrit *mille* qui ne prend jamais *s*, *deux* mille *hommes*. Quand *mille* signifie une étendue de *mille pas*, il prend *s* au pluriel, *deux* milles *d'Italie*, *ils est à trois* milles *de Rome*.

Neuf se prononce devant une voyelle comme *neuv*. Ecrivez: *il y a neuf ans*, prononcez *neuv ans*.

On dit *une* demi-*heure*, *une* demi-*livre*, ce mot *demi* ne change pas quand il est devant le nom; mais dites: *une heure et* demie, *une livre et* demie, quand le mot *demi* est après le nom, il prend le genre.

Nu placé devant un nom, ne prend ni genre ni nombre, et il se lie au nom par un trait-d'union. On dit: *nu-tête*, *nu-pieds*, *nu-jambes*. *Nu* placé après un nom, prend le genre et le nombre du nom; on dit: *tête nue*, *jambes nues*, *pieds nus*.

On dit: *feu la reine*, *la feue reine*.

NOMS PARTITIFS.

On appelle *noms partitifs*, ceux qui marquent la partie d'un plus grand nombre: comme *la plupart de*, *une infinité de*, *beaucoup de*, *peu de*.

Règle. Les noms *partitifs* suivis d'un nom pluriel, veulent le verbe et l'adjectif au pluriel.

La plupart des enfants sont légers.

Peu d'enfants sont attentifs.

Remarque. Dans le sens partitif on met *de* et non pas *des* devant un adjectif. Exemples, *j'ai lu* de *bon livres*, et non pas *des* bons livres; *j'ai vu* de *belles maisons*, et non pas *des* belles maisons.

ADJECTIFS POSSESSIFS.

Les adjectifs possessifs *son*, *sa*, *ses*, *leur*, *leurs*, ne peuvent être mis pour un nom de chose inanimée que lorsque le nom de cette chose inanimée est exprimé dans la même phrase.

On dit: *cet avis a ses partisants*, *la Seine a sa source en Bourgogne*; parce que les adjectifs *ses* et *sa* sont dans les mêmes phrases que les noms *avis* et *Seine*. Mais on ne peut pas dire: *j'ai vu Paris*, et *j'ai admiré* ses *bâtiments*; *j'ai visité cette maison*, ses *fondements sont solides*, parce que l'adjectif *ses* ne se trouve pas exprimé dans les mêmes phrases que les noms *Paris* et *maison*. Il faut dire *j'ai vu Paris*, *et j'en ai admire les bâtiments*; *j'ai visité cette maison*, *les fondements* en *sont solides*.

Cependant, quoique le nom de chose ne soit pas exprimé dans la même phrase, on se sert de *son*, *sa*, *ses*, *leur*, *leurs*, quand ces adjectifs doivent être précédés d'une des prépositions *à*, *de*, *pour*, *sans*, *etc*. On dit: *j'ai vu Paris*, *et j'ai admiré la beauté de ses bâtiments*.

PRONOMS.

1° ***Vous*** employé pour ***tu***, veut le verbe au pluriel mais l'adjectif suivant reste au singulier.

EXEMPLE :

Mon fils, vous serez estimé ***si vous*** êtes sage.

2° ***Le, la, les***, sont tantôt pronoms, tantôt articles, ils sont toujours suivis d'un nom : ***le*** frère, ***la*** sœur, ***les*** hommes ; comme pronoms, il sont toujours joints à un verbe. Exemples : ***je*** le ***connais***, ***je*** la ***respecte***, ***je*** les ***estime***.

Le pronom ***le*** ne prend ni genre ni nombre, quand il tient la place d'un adjectif ou d'un verbe. Par exemple, si l'on demandait à une dame : ***Madame, êtes-vous malade?*** il faudrait qu'elle répondit : ***oui, je*** le ***suis***, et non pas ***je*** la ***suis***, parce que ***le*** se rapporte à l'adjectif ***malade. On doit s'accommoder à l'humeur des autres autant qu'on*** le ***peut*** ; ***le*** se rapporte au verbe ***accommoder***.

3° N'employez le pronom ***soi*** qu'après un sujet vague et indéterminé, comme ***on***, ***chacun***, etc.

EXEMPLES :

On ***ne doit jamais parler de*** soi.

Chacun ***songe*** à soi.

N'aimer que soi, ***c'est être mauvais citoyen.***

4° Quand le pronom ***chacun*** est employé avec rapport à un pluriel, il demande tantôt ***son***, ***sa***, ***ses***, tantôt ***leur***, ***leurs***.

Il demande ***son***, ***sa***, ***ses***, quand il est placé après le régime d'un verbe, ou après un verbe qui ne peut avoir de régime. On dit : ***les juges ont tous opiné, chacun suivant ses lumières et*** sa ***conscience***, et non pas ***chacun suivant*** leurs ***lumières et*** leur ***conscience, ils ont tous apporté*** des ***offrandes au temple, chacun selon*** ses ***facultés*** et non pas ***chacun selon*** leurs ***facultés***.

Il demande ***leur***, ***leurs***, quand il est placé avant le régime d'un verbe. On dit : ***les juges ont donné chacun*** leur ***avis***, et non pas ***chacun*** son ***avis***, ***ils ont apporté chacun*** leur ***offrande au temple***, et non pas ***chacun*** son ***offrande***.

5° Il faut dire : ***c'est en Dieu*** que ***nous devons mettre*** notre ***espérance*** et non pas, ***en qui***, ***c'est à vous-même*** que *je veux parler*, et non pas, à qui *je veux*. (*dans ces deux phrases, et autres semblables*, que *n'est pas relatif mais conjonction.*)

6° *Qui* relatif est toujours de la même personne que son *antécédent*. Ainsi il faut dire, *moi* qui *ai vu*, *vous* qui *avez vu*, *nous* qui *avons vu*; *il est un des hommes* qui *ont le plus contribué au bonheur de l'état*.

7° *Qui* précédé d'une préposition, ne se dit jamais des choses, mais seulement des personnes. Ainsi dites : *l'ami à* qui *j'ai donné ma confiance*; mais ne dites pas: *les sciences* à qui *je m'applique*, mais *les sciences* auxquelles *je m'applique*.

8° *Ce* devant le verbe *être*, veut ce verbe au singulier, excepté quaud il est suivi de la troisième personne plurielle. On dit: *c*'est *moi*, *c*'est *toi*, *c*'est *nous*, *c*'est *vous* qui; mais il faut dire : *ce* sont *eux*, *ce* sont *elles*; *ce* sont *vos ancêtres qui ont bâti cette maison*, *c*'étaient *nos meilleurs amis*.

9° *Tout* mis pour *quoique*, *entièrement*, *très*, *tout-à-fait* ne change point de nombre devant un adjectif masculin. Ainsi dites: *les enfants* tout *aimables qu'ils sont ne laissent pas d'avoir bien des défauts*, *vos habits sont* tout *déchirés*.

Tout ne change ni de genre ni de nombre, devant un adjectif féminin qui commence par une voyelle ou un *h* muet. Exemples : *ces images* tout *amusantes qu'elles sont ne me plaisent pas*: *des femmes* tout *éplorées*; *elle est* tout *interdite*.

Mais si l'adjectif féminin commence par une consonne ou par un *h* aspiré, alors on met *toute*. Exemples: *cette image* toute *belle qu'elle est*, *ne me plaît pas*; *ces images* toutes *belles qu'elles sont ne me plaisent pas*; *ces dames furent* toutes *surprises*; *cette femme a la figure* toute *hideuse*.

10° *Quelque.... que* s'emploie de cette manière:

S'il y a un adjectif entre *quelque* et *que*, alors *quelque* ne prend jamais *s* à la fin. Exemples: *les rois* quelque *puissants* qu'*ils soient*, *ne doivent pas oublier qu'ils sont hommes*.

S'il y a un nom entre *quelque* et *que*, alors on met *quelque* au même nombre que le nom. Exemple : Quelques *richesses que vous ayez*, *vous ne devez pas vous enorgueillir*.

Si le nom n'est placé qu'après le *que* et le verbe, il faut écrire en deux mots séparés *quelle* ou *quelle que*, *quels* ou *quelles que*. Exemples : quelle que *soit votre force*, quelles que *soient vos richesses*, *vous ne devez pas vous enorgueillir* : *votre puissance*, quelle qu'*elle soit*, *ne vous donne pas le droit de mépriser les autres* (*).

11° *Celui-ci*, *celui-là*, s'emploient de cette manière : *celui-ci*, pour la personne dont on a parlé en dernier lieu ; *celui-là* pour la personne dont on a parlé en premier lieu. Exemple : *les deux philosophes Héraclite et Démocrite étaient d'un caractère bien différent* ; celui-ci *riait toujours*, celui-là *pleurait sans cesse*.

Ceci désigne une chose plus proche, *cela* désigne une chose plus éloignée. Exemple ; *je n'aime pas* ceci, *donnez-moi* cela.

12° Le mot *personne* employé comme *pronom* est du masculin ; on dit : *je ne connais personne plus* heureux *que lui* ; mais *personne* employé comme *nom* est du féminin ; *cette personne est très*-heureuse.

On ne dit plus : *un chacun* ; *un quelqu'un*.

REMARQUES SUR LES VERBES.

I.

Le sujet soit nom, soit pronom, se place après le verbe ; 1° quand on interroge. Exemples : *que penseront de vous* les honnêtes gens, *si vous n'êtes pas sage ? Irai*-je ? *Viendras*-tu ? *Est*-il *arrivé* ?

Quand le verbe qui précède *il*, *elle*, *on*, finit par une voyelle, on met un *t* entre le verbe et les pronoms *il*, *elle*, *on*, desquels il est séparé par deux traits-d'union. Exemples : *Appelle* - t - *il* ? *Viendra* - t - *elle* ? *Aime*-t-*on les paresseux* ?

L'usage ne permet pas toujours cette manière d'interroger à la première personne, parce que la prononciation en serait rude et désagréable. Ne dites pas *cours-je*, *ments-je*, *dors-je*, *sors-je*, etc., il faut prendre un autre tour, et dire : *est-ce que je cours ? est-ce que je ments ? est-ce que je dors ?* (**).

(*) *Tout* suivi de *que*, veut le verbe à l'indicatif, *quelque* suivi de *que*, veut le verbe au subjonctif.

(**) Lorsque le verbe qui est suivi du pronom *je*, finit par un *e* muet, on change l'*e* muet en *é* fermé. L'on dit : *aimé*-je, *parlé*-je, *puissé*-je *bien* ; et non *aime*-je, *puisse*-je *bien*.

2° Le sujet se met encore après le verbe quand on rapporte les paroles de quelqu'un. Exemple: *Je me croirai heureux*, *disait* un bon roi, *quand je ferai le bonheur de mes sujets.*

3° Après *ainsi*, *tel*. Exemple: *tel* est son avis, *ainsi mourut* ce prince.

4° Après les verbes impersonnels. Exemples: *il est arrivé* un grand malheur: *il y a* des gens *qui pensent ainsi.*

II.

On ne doit se servir du prétérit *défini* qu'en parlant d'un temps absolument écoulé, et dont il ne reste plus rien. Ainsi ne dites pas: je reçus *aujourd'hui*, *cette semaine*; *cette année*, parce que le jour, la semaine, l'année, ne sont pas encore passés. Ne dites pas non plus: *je reçus ce matin*: il faut pour le prétérit *défini*, qu'il y ait l'intervalle au moins d'un jour. Mais on dit bien: *je reçus hier*, *la semaine dernière*, *l'an passé*, etc.

Le prétérit *indéfini* s'emploie indifféremment pour un temps passé, soit qu'il en reste encore une partie à écouler, ou non; on dit bien: j'ai reçu *ce matin*, j'ai reçu *hier*, j'ai reçu *la semaine passée*, etc.

III.

A quel temps du subjonctif faut-il mettre le verbe qui suit la conjonction *que*, quand elle régit ce mode.

Première règle. Quand le premier verbe est au présent ou au futur, mettez au présent du subjonctif le second verbe qui est après *que*.

EXEMPLES:

Il faut
Il faudra
} *que vous* soyez *plus attentif*.

Deuxième règle. Quand le premier verbe est à l'un des prétérits, ou à un conditionnel, mettez le second verbe à l'imparfait du subjonctif.

EXEMPLES:

Il fallait
Il fallut
Il a fallu
Il eût fallu
Il aurait fallu
} *que vous* fussiez *plus attentif*.

REMARQUES SUR LES PRÉPOSITIONS.

1° Ne confondez pas *autour* et à *l'entour*, *autour* est une préposition, et elle est toujours suivie d'un régime, *autour d'un trône*, *à l'entour* n'est qu'un adverbe, et il n'a point de régime : *il était sur son trône et ses fils étaient* à l'entour.

2° Ne confondez pas *avant* et *auparavant*, *avant* est une préposition et elle est suivie d'un régime; *avant l'âge*, *avant le temps*; *auparavant* est un adverbe, et il n'a point de régime : *ne partez pas sitôt*, *venez me voir* auparavant. Ne dites jamais *auparavant que*, *auparavant de*; dites : *avant que*, *avant de*.

3° *Au travers* est suivi de la préposition *de : au travers* des *ennemis*, *à travers* n'en est pas suivi, *à travers les ennemis*.

4° Ne confondez pas la préposition *près de*, qui signifie *sur le point de*, avec l'adjectif *prêt à*, qui signifie *disposé à*. On ne dit pas : *ce mur est* prêt à *tomber*, mais *ce mur est* près de *tomber*. (N'employez jamais l'adjectif *prêt* avec la préposition *de*; ainsi ne dites pas : *il est près* de *partir*, mais *il est prêt* à *partir*.)

5° Ne confondez pas *à la campagne* et *en campagne*: ce dernier ne se dit que du mouvement des troupes: *l'armée est en campagne*; mais il faut dire : *j'ai passé l'été à la campagne*, et non *en campagne*.

REMARQUES SUR LES ADVERBES.

1° *Plus* et *davantage* ne s'emploient pas l'un pour l'autre. *Davantage* ne peut être suivi ni de la préposition *de*, ni de la conjonction *que*. On ne dit pas : *il a* davantage *de brillant que de solide*: mais *il a* plus *de brillant* : on ne dit pas : *il se fie* davantage *à ses lumières qu'à celles de l'expérience*, mais *il se fie* plus *à ses lumières*.

Davantage ne peut s'employer que comme adverbe. Exemple : *la science est estimable*, *mais la vertu l'est bien* davantage.

N'employez jamais *davantage* pour *le plus*; ainsi ne dites pas : *La Fontaine est le poëte que j'aime* davantage, mais *que j'aime* le plus.

2° Employez *le plus*, *la plus*, *les plus*, *le moins*, *la moins*, *les moins*, avant un adjectif, quand il y a comparaison entre plusieurs personnes ou plusieurs choses,

Exemples : *de toutes les planètes, la lune est* la plus *brillante* ; *les eaux* les moins *rapides*, *sont* les moins *saines* : Mais employez sans accord *le plus, le moins*, avant un adjectif, quand il n'y a pas de comparaison. Exemples : *on a applaudi cette actrice au moment où elle était* le moins *intéressante* : et non *la moins* : *il est sorti au moment où la chaleur était* le plus *vive*, et non *la plus*.

3° *Dedans, dehors, dessus, dessous*, sont des adverbes, et ne peuvent avoir de régime. On dit bien : *dans la chambre, sur la table, sous le tapis* ; mais on ne dit pas : *dedans la chambre, dessus la table, dessous le tapis*.

Ces mots peuvent cependant avoir un régime, lorsqu'ils sont précédés d'une préposition ou lorsqu'ils sont joints à leur opposé. Ainsi on dit : *il a de l'eau* pardessus *la tête, il y a des animaux* dessus *et* dessous *la terre*.

4° *Pas* et *point* ne s'emploient pas indifféremment l'un pour l'autre. *Pas* indique une négation simple et indéfinie : *point* indique une négation positive, totale. On dit : *il n'a* pas *beaucoup d'esprit* ; et, *il n'a* point *d'esprit*.

N'employez jamais *pas* avec le mot *rien*.

Ne dites pas, *je n'ai* pas rien *fait* ; dites : *je n'ai* rien *fait*.

REMARQUES SUR LE RÉGIME.

Régle. Un nom peut être régi par deux adjectifs, ou par deux verbes à la fois, pourvu que ces adjectifs et ces verbes ne veuillent pas un régime différent.

EXEMPLES.

Cet homme est utile et cher à sa famille.
Cet officier attaqua et prit la ville.

Mais on ne peut pas dire : *cet homme est utile et chéri de sa famille* ; parce que l'adjectif *utile* ne peut régir *de sa famille*, on ne peut pas dire : *ce officier attaqua et se rendit maître de la ville*, parce que le verbe *attaquer* ne peut régir *de la ville*. Il faut dire : *cet homme est utile à sa famille, et* en *est chéri* ; *cet officier attaqua la ville, et* s'en *rendit maître*.

CHAPITRE XI.

DE L'ORTHOGRAPHE

L'ORTHOGRAPHE est la manière d'écrire correctement tous les mots d'une langue.

ORTHOGRAPHE DES NOMS.

1° La première lettre des noms propres, des noms de dignité, doit être une lettre capitale, *Rousseau*, *Paris*.

2° Tous les noms qui ne finissent point par *s* au singulier, en prennent une au pluriel. Exemple: *un jardin charmant*, *des jardins charmants*. (*Voyez les exceptions*, p. 8).

3° C'est une faute d'écrire sans *h* les mots qui commencent par cette lettre. Ecrivez *l'honneur*, et non pas *l'onneur*. Quoiqu'on écrive *honneur* avec deux *n*, il n'y en a qu'une dans *honorer*, *honorable*, *déshonorer*.

4° On écrit avec *mp*, *compte*, *compter*, pour signifier *supputer*; avec *m* seulement *comte*, *comté*, titre, dignité; avec un *n*, *conte*, *conter*, pour signifier *raconter*.

5° On écrit avec *mp*, *champ*, pour signifier *terre*; avec *nt*, *chant*, pour signifier l'action de *chanter*.

6° On écrit ainsi *faim*, besoin de manger, et *fin*, le terme où finit une chose: *la mort est la* fin *de la vie*.

Mots en asse *et* ace.

On écrit par *asse*, les noms *basse*, *bécasse*, *basse*, *carcasse*, *chasse*, *classe*, *crasse*, *crevasse*, *cuirasse*, *culasse*, *filasse*, *masse*, *paillasse*, *paperasse*, *potasse*, *tasse*, *terrasse*, les adjectifs féminins *basse*, *grasse*, et tous les imparfaits du subjonctif des verbes de la première conjugaison. Ajoutez-y les verbes *il casse*, *il chasse*, *il embrasse*, *il embarrasse*, *il se lasse*, (il se fatigue), *il passe*, *que je fasse*.

On écrit par *ace* les autres mots, tels que *glace*, *besace*, *grimace*, *espace*, *grâce*, etc., *il agace*, *il lace*, (il serre avec un lacet).

Mots en èce, aisse *et* esse.

On écrit par *èce* les noms *espèce*, *nièce*, *pièce*, *la Grèce*, *Lucrèce*, *Lutèce*, noms propres.

On écrit par *aisse*, les noms *baisse*, *caisse*, *graisse*, et les verbes *j'abaisse*, *j'encaisse*, *j'engraisse*, *je laisse*, *je délaisse*.

On écrit par *esse* les autres mots, tels que *adresse*, *blesse*, *faiblesse*, *paresse*, *etc.*

Mots en isse *et* ice.

On écrit par *isse* les noms *coulisse*, *écrevisse*, *esquisse*, *génisse*, *jaunisse*, *réglisse*, *saucisse*, *Suisse*, et tous les verbes, comme il *glisse*, que je *finisse*, que je *rendisse*.

On écrit par *ice*, les autres mots, comme *artifice*, *calice*, *office*, *précipice*.

Mots en oce *et* osse.

On écrit par *oce* les noms *noce*, *négoce*, *sacerdoce*, les adjectifs *atroce*, *féroce*, *précoce*.

On écrit par *osse* les autres mots, tels que *brosse*. *crosse*, *fosse*, etc.

Mots en uce *et* usse.

On écrit par *uce*, les seuls noms *astuce*, *puce*, et le verbe il *suce*.

On écrit par *usse* tous les autres mots.

Mots en ance, ence, anse, ense.

On écrit par *ance* les noms qui viennent de verbes, comme *abondance*, *ignorance*, *reconnaissance*, etc., qui viennent des verbes *abonder*, *ignorer*, *reconnaître*. Ajoutez-y les noms suivants: *ambulance*, *constance*, *distance*, *enfance*, *instance*, *intendance*, *non-chalance*, *pétulance*, *puissance*, *vaillance*, *vigilance*, et ceux en *gance*, comme *arrogance*, *élégance*, etc.

On écrit par *ence* les noms qui ne viennent pas de verbes, comme *absence*, *clémence*, *patience*; *etc.*, ajoutez y les noms suivants: *adhérence*, *affluence*, *différence*, *excellence*, *existence*, *influence*, *négligence*, *présidence*, *résidence*, *science*, *violence*.

On écrit par *anse* les seuls mots *anse* de panier ou petit golfe, *danse*, *contredanse*, *danse*, *transe*, et le verbe il *panse* une blessure.

On écrit par *ense* les noms *défense*, *dépense*, *dispense* *offense*, *récompense*, les adjectifs *immense*, *intense* et les verbes il *encense*, il *pense* (il réflechit), il *dispense*, etc.

Mots en eu *et* eux.

On écrit par *eu* les noms masculins singuliers, tels que le *jeu*, le *feu*, excepté *vœu*.

On écrit par *eux* tous les adjectifs : *heureux*, *honteux* *paresseux*, *vertueux*, etc., excepté *bleu*.

Mots en tion, sion, xion *et* ssion.

On écrit *tion*, 1° après une voyelle, *obligation*, *discrétion*, *motion*, *ambition*, *caution*, *contribution*, etc., excepté *suspicion*, *passion* et *compassion*.

2° Après un C : *action*, *affection*, *fiction*, *coction*. *réduction*, *fonction*, *extinction*, etc.

3° Après un P : *acception*, *exemption*, *rédemption*, etc.

4° Après une N : *attention*, *mention*, *invention*, etc. ; excepté *ascension*, *dimension*, *extension*, *pension*, *suspension*, *appréhension*, (on écrit *expansion*, par *a*, à cause de *répandre*.)

On écrit *sion*, 1° après L : *convulsion*, *impulsion*, etc.

2° Après R : *immersion*, *version*, *incursion*, etc., excepté *assertion*, *désertion*, *portion*, et *proportion*.

On écrit par *xion* après Le, Lu, Ne, *inflexion*, *fluxion*, *connexion*.

On écrit par *ssion* tous les noms ; *concession* ; *mission*, *compression*, *procession*, etc.

Mots en E *ou* ÉE, I *ou* IE, U *ou* UE.

Terminez par E, I, U, les noms masculins : E comme *procédé*, *abrégé*, *pré*, *traité*, excepté *athée*, *hyménée*, *lycée*, *trophée*.

I comme *souci*, *défi*, *bouilli*, *ami*, *ennui*, excepté *génie*, *incendie*.

U comme *écu*, *individu*, *revenu*, *tissu*.

Terminez par ÉE, IE, UE, les noms féminins :

ÉE comme *dragée*, *assemblée*, *journée*, *épée*, etc.

IE comme *maladie*, *folie*, *bougie*, *toupie*, etc., excepté *fourmi*, *merci*, *gagui*.

UE comme *étendue*, *avenue*, *charrue*, *revue* ; excepté *bru*, *glu*, *vertu*, *tribu*.

Les noms terminés en TE ne prennent point d'*e* muet final : *beauté*. *bonté*, *charité*, *vérité*, *santé*, etc.

On écrit avec *e* muet final les seuls noms féminins : *charretée*, *dictée*, *jetée*, *montée*, *pâtée*, *potée*, *portée*.

DU REDOUBLEMENT DE QUELQUES CONSONNES.

B.

Le B ne se redouble que dans les mots *abbé*, *abbesse*, *abbaye*, *abbatial*, *rabbin*, *sabbat*.

C.

Le C se redouble dans presque tous les mots commençant par *ac*, *oc* : *accabler*, *accomplir*, *accord*, *accuser*, *occasion*. *occuper*, (dans tous ces mots on ne prononce qu'un *c*); on écrit cependant *acabit*, *acariâtre*, *académie*, *acoquiner*, par un seul *c*.

Hors de là, la prononciation indique quand le *c* est double ou simple, comme *accident*, *accès*, *acide*, *acier*.

D.

Le D ne se redouble que dans les mots *addition*, *additionner*, *adduction*, *reddition*.

F.

La consonne F se redouble dans les mots commençant par *af*, *ef*, *of*, *dif*, *suf*, *souf*: comme *affabilité*, *affaire*, *affront*, *effacer*, *effort*, *offenser*, *officieux*, *difficile*, *différence*, *suffire*, *suffoquer*, *souffrance*, *souffler*. On écrit par F simple, *afin*, *Afrique*, *soufre*, *soufrer*, *éfaufiler*.

Le G ne se redouble que dans les mots *agglomérer*, *agglutiner*, *aggraver*, *suggérer*, *suggestion*.

L.

La consonne L se redouble presque toujours:

1° Dans les mots commençant par AL, quand ce son est devant une voyelle: *aller*, *alliance*, *allonger*, etc., excepté *alambic*, *alarme*, *aliéner*, *alignement*, *aliment*, *alité*, *aloi*, *aloès*, et dérivés;

2° Dans le féminin des adjectifs en EL: *mortel*, *mortelle*; *cruel*, *cruelle*; *annuel*, *annuelle*; etc. (On écrit au masculin et au féminin, *fidèle*, *rebelle*);

3° Dans les noms féminins en ELLE: *bagatelle*, *cervelle*, *chandelle*, *querelle*, etc.; excepté *grêle*.

Les noms masculins se terminent en EL, comme les adjectifs masculins. Exemple: *autel*, *casuel*, *ciel*, *colonel*, *hôtel*, etc.; excepté *modèle*, *parallèle* nom et adjectif, et *zèle*. (On écrit: un *libelle*.)

Doublez L dans les différentes personnes des verbes en ELER, quand cette lettre est suivie d'une syllabe a *e* muet. Écrivez *appeler*, *appelant*, *j'appelais*, *que j'appelasse*, par L simple; mais écrivez par deux L, *j'appelle*, *tu appelles*, *il appelle*, *ils appellent*, *j'appellerai*, *j'appellerais*. Les verbes en ÉLER ne doublent pas L.

M.

La consonne M se redouble dans presque tous les mots qui commencent par COM: *commander*, *commerce*, *commission*, *commode*, *commun*, etc.; excepté *comité*, *comédie*, *comédien*, *comices*, *comique*, *comiquement*, *Comus*, dieu des festins.

M se redouble encore devant tous les adverbes en *amment* ou *emment*, *vaill*amment, *prud*emment.

N.

La consonne N se redouble dans presque tous les mots commençant par CON: *connaître*, *connexité*, *connivence*, *connu*, etc.; excepté *cône*.

Redoublez N dans les verbes dont l'infinitif est en *onner*: *donner*, *je donne*, *nous donnons*; *ordonner*, *j'ordonnais*, *vous ordonnerez*, etc.; excepté *prôner*, *détrôner*, *occasioner*.

N se redouble encore dans les temps des verbes où cette lettre est suivie d'une syllabe à *e* muet: *ils prennent*, *que je prenne*, etc., excepté les verbes en *ener* où N est simple, *mener*, *je mène*, *que tu mènes*; *amener*, *que j'amène*, *qu'ils amènent*; *promener*, *il se promène*, *tu te promènes*.

R.

La consonne R se redouble dans les mots commençant par AR et par IR.

ARR: *arracher*, *arrêter*, *arriver*, *arrière*, etc.; excepté *Arabie*, *are*, *arène*, *arête*, *arière*, *ariette*, *aristocratie*, *arithmétique*, *aruspice*, et les dérivés *aristocrate*, *arithméticien*, etc.

IRR: *irriter*, *irruption*, *irréligion*, etc.; excepté *irascible*, *iris*, *ironie*.

T.

Le T se redouble dans les mots commençant par AT, comme *attachement*, *attaquer*, *attendre*, *attribuer*, *attention*, *attentat*, etc.; excepté *atelier*, *athée*, *athéis me*, *atrabilaire*, *âtre*, *atroce*, *atrocité*, *atermoyer*, *atlas*, *atmosphère*, *atôme*, *autour*.

Le T se redouble encore dans les temps du verbe *jeter* et de ses composés, quand cette lettre est suivie d'une syllabe à *e* muet. On écrit par un seul T, *jeter*, *jetant*, *je jetais*, *je jetai*, etc.; et par deux T, *je jette*, *tu jettes*, *ils jettent*, *je jetterais*, *je jetterai*, etc.

Les mots finissant par *ate*, *ite*, *ute*, ne prennent pas ordinairement deux T.

ATE: *date* d'une lettre, *frégate*, *délicate*, *ingrate*, etc.; excepté *barratte*, *chatte*, *datte*, fruit de palmier, *jatte*, *latte*, *natte*, *patte*, d'animal, *matte* adjectif féminin, il *flatte*, il *gratte*, qu'il *combatte*.

ITE: *conduite*, *fuite*, *mérite*, *suite*, *visite*, etc.; excepté *quitte*, *acquitte*.

UTE: *chute*, *culbute*, *dispute*, *flûte*, *minute*, etc.; excepté *butte*, *hutte*, *lutte*, nom et verbe.

(Ces observations ne peuvent être réduites en règles générales; la lecture et le dictionnaire doivent en tenir lieu.)

ORTHOGRAPHE DES VERBES.

PRÉSENT DE L'INDICATIF.

Singulier. 1° Si la première personne finit par *e* muet, *j'aime*, *j'ouvre*, etc., on ajoute *s* à la seconde; la troisième est semblable à la première. Exemple: *j'aime*, *tu aimes*, *il aime*.

2° Si la première personne finit par *s* ou *x*, la seconde est semblable à la première, la troisième finit ordinairement en *t*: *je finis*, *tu finis*, *il finit*. (Dans quelques verbes, la troisième personne se termine en *d*: *il rend*, *il vend*, *il prétend*.)

Pluriel. Le pluriel, dans toutes les conjugaisons, se termine toujours par *ons*, *ez*, *ent*: *nous aimons*, *vous aimez*, *ils aiment*, *nous finissons*, *vous finissez*, *ils finissent*.

IMPARFAIT DE L'INDICATIF.

Il se termine toujours de cette manière: *ais*, *ais*, *ait*, *ions*, *iez*, *aient*.

*J'aim*ais, *tu aim*ais, *il aim*ait, *nous aim*ions, *vous aim*iez, *ils aim*aient.

PRÉTÉRIT DÉFINI.

Le prétérit *défini* a quatre terminaisons : ***ai***, ***is***, ***us***, ***ins***, de cette manière :

*J'aim*ai, ***tu aim***as, ***il aim***a, ***nous aim***âmes, ***vous aim***âtes, ***ils aim***èrent.

*Je fin*is, ***tu fin***is, ***il fin***it, ***nous fin***îmes, ***vous fin***îtes, ***ils fin***irent.

*Je reç*us, ***tu reç***us, ***il reç***ut, ***nous reç***ûmes, ***vous reç***ûtes, ***ils reç***urent.

*Je dev*ins, ***tu dev***ins, ***il dev***int, ***nous dev***înmes, ***vous dev***întes, ***ils dev***inrent.

Remarque. La première et la seconde personne du pluriel du prétérit défini ont un accent ***circonflexe*** sur la voyelle de l'avant-dernière syllabe (1).

FUTUR DE L'INDICATIF.

Il se termine toujours ainsi : ***rai***, ***ras***, ***ra***, ***rons***, ***rez***, ***ront***.

*J'aim*erai, ***tu aim***eras, ***il aim***era, ***nous aim***erons, ***vous aim***erez, ***ils aim***eront.

*Je recev*rai, ***tu recev***ras, ***il recev***ra, ***nous recev***rons, ***vous recev***rez, ***ils recev***ront (2).

CONDITIONNEL PRÉSENT.

Il se termine toujours ainsi : ***rais***, ***rais***, ***rait***, ***rions***, ***riez***, ***raient***.

*J'aim*erais, ***tu aim***erais, ***il aim***erait, ***nous aim***erions, ***vous aim***eriez, ***ils aim***eraient.

*Je recev*rais, ***tu recev***rais, ***il recev***rait, ***nous recev***rions, ***vous recev***riez, ***ils recev***raient.

PRÉSENT DU SUBJONCTIF.

Il se termine toujours ainsi : ***e***, ***es***, ***e***, ***ions***, ***iez***, ***ent***.

*Que j'aim*e, ***que tu aim***es, ***qu'il aim***e, ***que nous aim***ions, ***que vous aim***iez, ***qu'ils aim***ent.

IMPARFAIT DU SUBJONCTIF.

Il a quatre terminaisons ***asse***, ***isse***, ***usse***, ***insse***, de cette manière :

*J'aim*asse, ***tu aim***asses, ***il aim***ât, ***nous aim***assions, ***vous aim***assiez, ***ils aim***assent.

---

(1) Les verbes en *er* ont le prétérit défini en ***ai***, les verbes en ***enir*** ont en ***ins***: les autres verbes l'ont en *is* ou en ***us***.

(2) N'écrivez pas *je receverai*, *je renderai*: on ne met *e* devant *ra* qu'à la première conjugaison.

Je finisse, *tu finisses*, *il finît*, *nous finissions*, *vous finissiez*, *ils finissent*.

Je reçusse, *tu reçusses*, *il reçût*, *nous reçussions*, *vous reçussiez*, *ils reçussent*.

Je devinsse, *tu devinsses*, *il devînt*, *nous devinssions*, *vous devinssiez*, *ils devinssent*.

OBSERVATIONS.

1° Les verbes en *er*, en *frir*, en *vrir*, et en *llir*, ont la première personne du présent de l'indicatif terminée par *e* muet. Exemples: *aimer*, *j'aime*; *étudier*, *j'étudie*; *souffrir*, *je souffre*; ouvrir, *j'ouvre*; *cueillir*, *je cueille*; etc. Excepté, *aller* qui fait *je vais*, *puer* qui fait *je pue*; *appauvrir* qui fait *j'appauvris*.

2° Quand la première personne du singulier finit par *e* muet, la troisième personne a la même terminaison. Exemples, *je donne*, *il donne*, *que je reçoive*, *qu'il reçoive*; excepté la troisième personne du singulier de l'imparfait du subjonctif qui se termine par *t*, et la dernière voyelle est marquée d'un accent circonflexe: *que j'aimasse*, *qu'il aimât*; *que je reçusse*, *qu'il reçût*; *que je devinsse*, *qu'il devînt*.

3° Quand la première personne du singulier est terminée par *ai*, la troisième est terminée par *a*: *j'aimai*, *il aima*; j'ai, *il* a; *je finirai*, *il finira*. Ne dites jamais *j'aima*, *je donna*.

4° Quand la première personne du singulier est terminée par *s* ou par *x*, la troisième finit ordinairement par *t*, *je reçois*, *il reçoit*; *je veux*, *il veut*.

Les verbes terminés au présent de l'infinitif par *dre*, finissent à la première personne du présent de l'indicatif par *ds*, et ont la troisième du singulier terminée par *d*. Exemples: *apprendre*, *j'apprends*, *il apprend*; *répondre*, *je réponds*, *il répond*; *coudre*, *je couds*, *il coud*. Mais les verbes en *aindre*, *eindre*, *oindre*, et *soudre*, finissant à la première personne par *s* simple, ont la troisième personne en *t*: *il craint*, *il peint*, *il joint*, *il absout*.

5° La seconde personne du singulier, dans tous les temps, prend *s*. Ces verbes *pouvoir*, *vouloir*, *valoir*, *prévaloir*, font à la seconde personne du présent de l'indicatif, *tu peux*, *tu veux*, *tu vaux*, *tu prévaux*: aux autres temps ils prennent *s*.

On ne met point de *s* final à l'impératif des verbes qui ont un *e* muet à la première personne du singulier du présent de l'indicatif : *j'aime*, *aime* ; *je donne*, *donne*. On ajoute *s* quand ces impératifs sont suivis des pronoms *y* et *en* : on dit et l'on écrit : *cherches*-en, *donnes*-y *tes soins*. L'impératif *va* prend *s* quand il est suivi du pronom *y*, on écrit *vas-y*, mais on dit et l'on écrit *va y donner tes soins*, parce que le pronom *y* dépend du verbe *donner*.

6° La première personne du pluriel prend toujours *s* : *nous donnons*, *nous aimâmes*, *nous recevrons*.

7° La seconde personne du pluriel prend *s*, quand elle finit dans la prononciation par *e* muet : *vous dites*, *vous faites*, *vous fûtes*, elle prend *z*, quand elle finit dans la prononciation par *e* fermé : *vous aimez*, *vous recevrez*, *vous aurez*.

8° La troisième personne du pluriel est toujours terminée par *nt*, *ils aiment*, *ils recevraient*, *ils liront*.

REMARQUES

SUR L'ORTHOGRAPHE DES PRONOMS, ADVERBES, ET AUTRES MOTS.

Leur ne prend jamais *s* à la fin, quand il est joint à un verbe ; alors il signifie *à eux*, *à elles* ; *ces enfants ont été sages*, *je* leur *donnerai un prix*.

Leur suivi d'un nom pluriel, prend un *s* ; alors il signifie *d'eux*, *d'elles* ; *un père aime ses enfants*, *mais il n'aime pas* leurs *défauts*.

On ne met point d'accent sur *o* dans *notre*, *votre*, quand ils sont devant un nom : *votre père*, *notre maison* ; mais on met un accent circonflexe sur *ô* dans *le nôtre*, *le vôtre*, *la nôtre*, *la vôtre*. Exemple : *mon livre est plus beau que le* vôtre.

On met un accent grave sur *là* adverbe de lieu : *allez-là* : on n'en met point sur *la* article : la *femme*, ni sur le pronom féminin *la* : *je* la *connais*.

On met un accent grave sur *où* adverbe de lieu : où *allez-vous* ? on n'en met point sur *ou* conjonction ; *c'est vous* ou *moi*.

On met un accent grave sur *à* préposition : *je vais* à *Paris* ; on n'en met point sur *a* troisième personne du verbe *avoir* : *il* a *de l'esprit*.

On met un accent grave sur *dès* préposition ; *il est parti* dès *le point du jour* : on n'en met point sur *des*, article composé : *le palais* les *rois*.

On met un accent circonflexe sur *dû* participe du verbe *devoir*, *rendez à chacun ce qui lui est* dû : on n'en met point sur *du* article : *la lumière* du *soleil*.

On met un accent circonflexe sur *mûr* adjectif : *ce fruit est* mûr ; on n'en met point sur *mur*, muraille : *ce* mur *va tomber*.

On met un accent circonflexe sur *sûr*, adjectif signifiant *certain*, *en sûreté* : *je suis* sûr *du fait* ; on n'en met point sur *sur* préposition : *mon livre est* sur *la table*.

On met un accent circonflexe sur *crû*, participe du verbe *croître* : *sa famille a bien* crû, on n'en met point sur *cru*, adjectif ou participe du verbe *croire* : *l'honnête homme est toujours* cru, *ce fruit est trop* cru.

On met un accent circonflexe sur *tû*, participe du verbe *taire*, *il s'est* tû : on n'en met point sur le pronom *tu* : *tu resteras ici*.

DE L'APOSTROPHE.

L'Apostrophe (') marque le retranchement d'une de ces trois lettres *a*, *e*, *i*.

A, ou *E*, suivis d'une voyelle, ou d'un *h* muet, se retranche dans *le*, *la*, *je*, *me*, *te*, *se*, *de*, *ne*, *que*, *ce*.

Le, on dit : *l'ami*, *l'enfant*, *l'instinct*, *l'oiseau* ; *l'univers*, *l'honneur*, pour *le ami*, *le enfant*, etc. (1)

La, on dit : *l'abeille*, *l'épée*, *l'intention*, *l'oisiveté*, etc., pour *la abeille*, *la épée*, etc.

Je, on dit : *j'apprends*, *j'étudie*, *j'honore*, *j'oublie*, etc., pour *je apprends*, etc.

Me, on dit : *vous m'aimez*, *vous m'estimez*, *vous m'instruisez*, etc., pour *me aimez*, etc.

Te, on dit : *je t'avertis*, *je t'ennuie*, *je t'invite*, etc. pour *te avertis*, etc.

Se, on dit : *il s'amuse*, *il s'ennuie*, *il s'instruit*, *il s'occupe*, pour, *se amuse*, etc.

De, on dit : *beaucoup d'apparence*, *d'ignorance d'orgueil*, pour *de apparence*, etc.

Ne, on dit : *je n'aime pas*, *je n'estime pas*, *il n'obéit pas*, pour *je aime*, etc.

Que, on dit : *qu'avez-vous fait ! qu'importe*, pour *que avez-vous fait ?* etc.

---

(1) Les pronoms *le* et *la*, placés après un impératif, ne perdent point leur voyelle. On dit : menez-le *à la promenade*, *traitez*-la *avec douceur*.

Ce, on dit *c'est la vérité*, pour *ce est*, etc.

Quelque perd *e* devant *un, autre* : quelqu'*un*, quelqu'*autre*.

Entre perd *e* dans les mots composés : *entr'aider*, *entr'égorger*.

Jusque perd *e* devant *à*, *eux*, *ici* : *jusqu'*à *Paris*, *jusqu'*au *ciel*, *jusqu'*ici.

Lorsque, *quoique*, *puisque*, perdent l'*e* muet devant *il*, *elle*, *on*, *un*, *une* : *lors*qu'*il veut*, *puis*qu'*elle veut*, *quoi*qu'*on dise*.

I se retranche dans les mots *si*, devant *il*, *ils* : *s'il arrive*, *s'ils viennent*, pour *si il arrive*, *si ils viennent*.

DU TRAIT D'UNION.

Le *Trait d'union* (-) se met 1° entre les verbes et *je*, *me*, *moi*, *toi*, *tu*, *nous*, *vous*, *il*, *ils*, *elle*, *elles*, *la*, *le*, *les*, *lui*, *leur*, *y*, *en*, *ce*, *on*, quand ces mots sont placés après le verbe. Exemples : *irai-je ? viendras-tu ? donnez-lui ? achèvera-t-il ? viendra-t-elle ? a-t-on fait ? prenez-en*, etc.

2° Entre deux mots tellement joints ensemble, qu'ils n'en font plus qu'un : *chef-d'œuvre*, *courte-pointe*. *avant-coureur*, *arc-en-ciel*.

3° Entre le mot *même* et le pronom qui le précède : *moi-même*, *toi-même*, *lui-même*, *nous-mêmes*, *eux-mêmes*.

4° Entre le mot *très* et l'adjectif ou l'adverbe qui le suit : *très-sage*, *très-prudent*, *très-sagement*.

5° Avant et après les mots *ci*, *là*, *çà* : *cet homme-ci*, *cette femme-là*, *ci-joint*, *là-bas*, *viens-çà*.

DU TRÉMA.

On appelle *Tréma* (¨) deux points placés sur les voyelles *i*, *u*, *e muet*, quand ces lettres doivent être prononcées séparément de la voyelle qui précède, comme *haïr*, *païen*, *aïeul*, *ambiguë*, pour empêcher qu'on ne prononce ce dernier mot comme *fatigue*.

DE LA CÉDILLE.

On appelle *Cédille* (ç) une petite figure qu'on met sous le *c* devant *a*, *o*, *u*, pour avertir qu'il doit avoir le son de *s* comme dans *façon*, *leçon*, *façade*, *reçu*.

DE LA PARENTHÈSE.

On appelle *Parenthèse* ( ) deux crochets dans lesquels on renferme quelques mots qui interrompent ou qui éclaircissent le sens d'une phrase. Exemple : *Celui qui évite d'apprendre* (dit le Sage) *tombera dans le mal.*

DE LA PONCTUATION.

La Ponctuation est l'art de séparer par des signes, soit dans l'écriture, soit dans l'impression, les endroits du discours où l'on doit s'arrêter : ces signes sont au nombre de six.

1° La virgule (,) se met après les noms, les adjectifs, les verbes et les adverbes qui se suivent. Exemples : *La candeur, la docilité, la simplicité, sont les vertus de l'enfance; la charité est douce, patiente et bienfaisante; boire, manger, jouer, dormir, ce sont les occupations du grand monde.*

La virgule sert encore à distinguer les différentes parties d'une phrase. Exemples : *L'étude rend savant, la réflexion rend sage.*

2° Le point avec la virgule (;) se met entre deux phrases, dont l'une dépend de l'autre. Exemple : *La douceur est, à la vérité, une vertu ; mais elle ne doit pas dégénérer en faiblesse.*

3° Les deux points (:) se mettent après une phrase finie, mais suivie d'une autre qui sert à l'étendre ou à l'éclaircir. Exemples : *Il ne faut jamais se moquer des misérables car ce qui peut s'assurer d'être toujours heureux.*

4° Le point (.) se met à la fin des phrases, quand le sens est entièrement fini. Exemple : *Le mensonge est le plus bas de tous les vices.*

5° Le point interrogatif (?) se met à la fin des phrases qui expriment une interrogation. Exemple : *Quoi de plus beau que la vertu ?*

6° Le point d'admiration (!) se met après les phrases qui expriment l'admiration. Exemples : *Qu'il est doux de servir le Seigneur ! Qu'il est glorieux de mourir pour la Patrie !*

APPENDICE.

I. DE LA PROPOSITION.

On ne peut exprimer une pensée sans faire une *proposition.*

Toute proposition renferme nécessairement, 1° le *nom* de la personne ou de la chose dont on parle, c'est le SUJET ; 2° le mot qui exprime la qualité ou manière d'être qu'on attribue au sujet, c'est l'ATTRIBUT ; 3° le mot qui unit l'attribut au sujet, c'est le VERBE.

Exemples de proposition.

Suj. v. attrib. Suj. verb. attrib.
Dieu est juste. — Les hommes sont mortels.

1re REM. Le sujet, le verbe et l'attribut s'appellent les *termes essentiels* d'une proposition, parce qu'il ne peut y avoir de proposition, sans la réunion de ces trois termes, exprimés ou sous-entendus. Mais aux mots qui les représentent, viennent souvent se joindre d'autres mots qui les modifient, et que nous appellerons *termes accessoires* de la proposition.

Exemple.

Dieu, créateur du ciel et de la terre, *est aimé* des hommes vertueux.

Suj. v. attrib.
Dieu... est aimé. Termes essentiels.

Créateur du ciel et de la terre. Termes acc. modifiant le sujet.

Des hommes vertueux. Termes acc. modifiant l'attribut.

2° REM. Le verbe et l'attribut sont souvent réunis en un seul mot.

Exemples.

Suj. v. et attr.
L'homme meurt.
Le soleil brille.
Je *lis...*

C'est comme s'il y avait : *L'homme est mortel, le soleil est brillant : je suis lisant...*

3° Rem. Il y a dans une phrase autant de propositions qu'il y a de verbes exprimés ou sous-entendus.

Exemples.

Qui a fait le soleil? Dieu.

C'est comme s'il y avait : *Dieu a fait le soleil*; et il y a deux propositions. Dans la seconde, le verbe et l'attribut se trouvent sous-entendus, comme il arrive quelquefois que l'on sous-entend le sujet.

4e Rem. Un verbe à l'infinitif doit être considéré comme un nom, et se trouve ou sujet ou attribut de la proposition.

Exemples.

Faire le bien est le secret d'être heureux.
Donner l'aumône, c'est prier.

II. DE LA RÉUNION DES PROPOSITIONS.

Il y a souvent dans une phrase plusieurs propositions; et alors il faut examiner si elles ont quelque rapport entre elles, et quel rapport.

I. *Les ignorants sont sujets à se tromper et ont coutume de décider hardiment.*

Ce sont là deux propositions que l'on peut séparer l'une de l'autre, chacune formant un sens complet. On les appelle *propositions* ABSOLUES.

II. *Tout le monde convient que l'éducation est un trésor.*

1re Proposition. *Tout le monde convient.* Le sens de cette proposition n'est pas achevé, et la seconde, *l'éducation est un trésor* (qui lui est unie par la conjonction *que*), sert à le compléter; c'est de là qu'on appelle la première *incomplète* et la seconde *complétive*.

Rem. C'est presque toujours la conjonction *que* qui unit, en français, une proposition *complétive* à l'*incomplète*.

III. La CONSIDÉRATION qu'on accorde à la vertu EST PRÉFÉRABLE A CELLE qu'on accorde à la naissance.

1re Proposition. *La considération... est préférable à celle.*

2e Proposition. *Qu'on accorde à la vertu.*

3e Proposition. *Qu'on accorde à la naissance.*

Ces propositions ont entre elles un rapport facile à saisir. *Qu'on accorde à la vertu* se rapporte au sujet de la 1re proposition, et le modifie. *Qu'on accorde à la naissance* retombe sur *celle* qui appartient à l'attribut de la 1re proposition. C'est de là qu'on appelle proposition *incidente*, toute proposition qui retombe, ou sur le sujet, ou sur l'attribut d'une autre proposition, laquelle, par rapport à l'incidente, s'appelle *principale*.

Rem. Toute proposition commençant par *qui*, *que* relatif, *dont*... est *incidente*.

DE L'ANALYSE.

Pour bien connaître le mécanisme et le jeu d'une montre, il est essentiel de la démontrer, et d'en considérer chaque pièce, soit en elle-même, soit par rapport aux autres. Il faut de même analyser, c'est-à-dire, *décomposer* le discours, pour en avoir une idée complète.

On distingue deux sortes d'analyses: l'une a pour objet chaque mot considéré matériellement. C'est *l'analyse grammaticale*. Dans cette espèce d'analyse, on rend compte de l'espèce du mot, de ses accidents (genre, nombre, conjugaison, etc.), des règles que prescrit la grammaire, etc.

L'autre espèce d'analyse considère les mots réunis pour exprimer nos jugements. C'est *l'analyse logique* ou *des pensées*.

Nous allons donner un exemple de ces deux sortes d'*analyses*.

PHRASES A ANALYSER.

Le temps est très-précieux. Tous les hommes sont persuadés qu'il importe de le bien employer. Cependant on en voit peu qui agissent en conséquence de cette persuasion. Pourquoi, hélas! connaissons-nous si mal nos véritables intérêts?

I° ANALYSE LOGIQUE.

Ces phrases renferment six propositions:

1. *Le temps est... précieux.*	Proposition absolue.
2. *Les hommes sont persuadés...*	— incomplète.
3. *Il importe...*	— complétive.
4. *On voit...*	— principale.
5. *Qui agissent..*	— incidente.
6. *Connaissons-nous.*	— absolue, interrogé.

Dans la 1re proposition, l'attribut *précieux* est modifié par le terme accessoire *très*.

Dans la 2e, le sujet *les hommes* est modifié par *tous*.

Dans la 3e, le sujet indéterminé *il* est déterminé par ces mots *de le bien employer. Il*, ou ceci, savoir, *de le bien employer est important*. Cette proposition complétive est jointe à l'incomplète par la conjonction *que*.

Dans la 4e, Cependant *on* en *voit* peu, c'est encore l'attribut *voit* qui est modifié par les termes accessoires *cependant*, *en*, *peu*. On voit, *quoi? Peu de ces hommes*. Dans quelle position voit-on peu de ces hommes? *Cependant*, c'est-à-dire, *pendant cela. Cela* ou *cette persuasion* (qu'il importe de bien employer le temps) *étant*.

Dans la 5e, *qui agissent*. Le sujet *qui* retombe sur *peu* de la proposition principale. *Agissant*, verbe et attribut, dont le sens est spécifié par les termes accessoires, *en conséquence de cette persuasion*.

Dans la 6e, *connaissons-nous. Nous* est le sujet, *connaissons*, verbe et attribut. Les adverbes *pourquoi* et *si mal* modifient cet attribut. Ces mots, *nos intérêts*, dépendent aussi de *connaissons*, dont ils déterminent le sens.

2o ANALYSE GRAMMATICALE.

Le,	Article sing. masc. qui se rapporte à *temps*.
temps,	Nom masc. au sing., sujet du verbe.
est,	3e pers. du sing. du prés. de l'indicatif du verbe substantif *être*.
très,	Adverbe qui est un des signes du superlatif absolu.
précieux.	Fém. *précieuse*, adj. qui se rapporte à *temps*.
Tous,	Plur. masc. de *tout* (fém. *toutes*), adjectif qui se rapporte à *hommes*.
les,	Article pluriel au masc., qui se rapporte à *hommes*.
hommes,	Nom masc. au plur., sujet du verbe *sont*.
sont persuadés.	3e personne du plur. du prés. de l'indic. passif du verbe actif *persuader*. Ce temps est composé du participe passé de ce verbe que l'on conjugue avec le verbe *être*. T. P. persuader, persuadant, persuadé, je persuade, je persuadai. Le participe *persuadé* doit ici s'accorder avec le sujet *hommes*, parce qu'il est conjugué avec l'auxiliaire *être*.
que,	Conj. qui unit ici deux propositions. On a retranché la dernière lettre de ce mot, parce que le suivant commence par une voyelle, et on l'a remplacé par l'apostrophe.

il, Pronom de la 3e personne, toujours sujet. Il ne se rapporte à aucun nom qui précède, mais à ceux-ci qui suivent, *de la bien employer*. Dans ce sens, *il* dérive du latin *illud*, et signifie *ceci*. Par exemple : *ceci* (savoir *bien employer le temps*) *est important*.

importe, 3e pers. du sing. du prés. de l'indic. du verbe neutre impersonnel *il importe*, qu'il faut bien distinguer du verbe actif *importer*, lequel signifie *faire arriver dans son pays des denrées étrangères*.

de, Préposition qui exprime ici le rapport d'*employer* à *il*.

le, Pronom de la 3e pers. (toujours régime d'un verbe, ce qui le distingue de l'article *le*, que l'on met devant les noms) ici régime du verbe *employer*.

bien, Adverbe qui modifie le verbe *employer*.

employer. Verbe de la Ire conjugaison, au prés. de l'infin. T. P. employer, employant, employé ; j'emploie, j'employai.

Cependant, Adverbe composé de la préposition *pendant* et du pronom *ce*.

on, Pronom indéfini.

en, Pronom de la 3e personne, équivalant à *de lui*, *d'elles*, *d'eux*, etc., et toujours régime indirect.

voit, 3e pers. du sing. du prés. de l'indic. de *voir*, verbe actif de la 3e conjug. T. P. voir, etc.

peu, Adverbe de quantité. Avec le pronom *en*

qui, Pronom conjonctif, sujet du verbe, *agissent*, au pluriel masc., se rapportant à *hommes* dont *en* tient la place.

agissent, 3e pers. du plur. du prés. de l'indic. actif d'*agir*, verbe actif de la 2e conjug. T. P. agir, etc.

en, Préposition (qu'il ne faut pas confondre avec le pronom *en*, analysé plus haut), dérivée de la préposition *in* des latins. Il faut remarquer que cette préposition marquant un sens vague et indéterminé, n'est jamais suivie de l'article.

conséquence, Nom fém. au sing., régime de la préposition *en*.

de Préposition qui exprime un rapport entre le mot qui précède et *persuasion*.

cette	Sing. fém. du pronom démonstrati. *ce* *Cet* devant un mot masc. commençant pa une voyelle, d'où on a formé le fémini *cette*.
persuasion.	Nom. fém. au sing., régime de la préposition *de*.
Pourquoi,	Adverbe d'interrogation, composé de la préposition *pour*, et de *quoi*, pronom interrogatif.
hélas!	Interjection qui exprime un mouvemen subit de douleur. Il faut remarquer que ces espèces de mots ne font pas partie de la proposition; ils sont, pour ainsi dire, *jetés au milieu de la phrase*, de là leur nom tiré des mots latin *jacere inter, jeter parmi*.
connaissons-nous,	Ire pers. du prés. de l'indic. actif de *connaître*, verbe actif de la 3e conjug. T. P. connaître, etc. Observons ici que c'est pour marquer l'interrogation que *nous* pronom sujet, est placé après le verbe.
si,	Adverbe qui modifie l'adverbe suivant; il équivaut ici à *tellement*, et doit être distingué de *si* conjonction.
mal,	Adv. qui modifie le verbe *connaissons*.
nos,	Plur. masc. de *notre*, adjectif possessif (dérivé du pronom de la Ire personne, au plur. *nous*), se rapportant à *intérêts*.
véritables,	Adj. masc. et fém. au plur., se rapportant à *intérêts*.
intérêts?	Nom masc. au plur., régime direct de *connaissons*.

Il appartiendrait encore à l'analyse grammaticale de rendre compte de la ponctuation.

Il y a un *point* après les mots *précieux*, *employer*, *persuasion*, parce que le sens est fini à chacun de ces mots.

Il y a une *virgule* après *pourquoi*, pour indiquer un petit repos qui est nécessaire avant l'interjection.

Hélas est suivi d'un *point d'exclamation*, dont le propre est d'indiquer une espèce de cri. Enfin, la dernière phrase est terminée par un *point d'interrogation*, parce qu'elle renferme une interrogation directe. On n'en mettrait pas si l'interrogation n'était pas directe, comme dans la phrase suivante: *Mentor demanda à Idoménée* QUELLE *était la conduite de Protésilas*; parce que dans la ponctuation on n'a égard qu'à la proposition principale.

MÉTHODE D'ANALYSE GRAMMATICAL

POUR ANALYSER		IL FAUT INDIQUER
	Un Nom,	Le genre, le nombre, et le rôle qu'il joue dans la phrase (est-il sujet ou régime?)
	Un Article,	Le genre, le nombre, quel mot il détermine.
	Un Adjectif,	Le genre, le nombre, à quel mot il se rapporte.
	Un Pronom,	L'espèce, de quel nom il tient la place.
	Un Verbe,	La personne, le nombre, le temps, la mode, la voix, l'espèce de verbe, les temps primitifs.
	Un Participe,	L'espèce, le genre, le nombre, a quoi il se rapporte.
	Une Préposition,	Quels mots elle met en rapport.
	Un Adverbe,	L'espèce, quel mot il modifie, d'où il est formé.
	Une Conjonction,	Si elle unit deux propositions, ou seulement deux termes d'une proposition (deux sujets ou deux régimes.)
	Une Interjection,	Quel sentiment elle exprime, (douleur, joie, etc.)

TABLE DES MOTS OU LA LETTRE H EST ASPIRÉE.

Ha!	Hallage.	Harde.	Haut.
Hache.	Hallebarde.	Harder.	Hauteur.
Hacher.	Hallebardier.	Hardi.	Hautbois.
Hachis.	Hallier.	Hardiesse.	Havre-Sac
Hachoir.	Halte.	Hareng.	Hectare.
Hachure.	Hamac.	Harengère.	Hennir.
Hagard.	Hameau.	Hargneux.	Héraut *d'armes*.
Haine.	Hameçonné.	Haricot.	Hérisson.
Haineux.	Hanche.	Harnacher.	Héros.
Haïr.	Hangar.	Harnachement.	Hêtre
Haïssable.	Hanneton.	Harnais.	Hideux.
Halbran.	Hanter.	Haro.	Hollande.
Halbrener.	Hanse.	Harpe.	Houblon.
Hâle.	Happe.	Harpie.	Houlette.
Hâler.	Happer.	Harpiste.	Horde.
Hâlement.	Harangue.	Hasard.	Hors.
Haleur.	Haras.	Hasarder.	Huitième.
Haleter.	Harasser.	Hâter.	Hurler.
Halle.	Harceler.	Hâtif.	Hurlement.

TABLE DE MULTIPLICATION.

2	fois	2	font	4	6	fois	2	font	12
2	fois	3	font	6	6	fois	3	font	18
2	fois	4	font	8	6	fois	4	font	24
2	fois	5	font	10	6	fois	5	font	30
2	fois	6	font	12	6	fois	6	font	36
2	fois	7	font	14	6	fois	7	font	42
2	fois	8	font	16	6	fois	8	font	48
2	fois	9	font	18	6	fois	9	font	54
2	fois	10	font	20	6	fois	10	font	60
3	fois	2	font	6	7	fois	2	font	14
3	fois	3	font	9	7	fois	3	font	21
3	fois	4	font	12	7	fois	4	font	28
3	fois	5	font	15	7	fois	5	font	35
3	fois	6	font	18	7	fois	6	font	42
3	fois	7	font	21	7	fois	7	font	49
3	fois	8	font	24	7	fois	8	font	56
3	fois	9	font	27	7	fois	9	font	63
3	fois	10	font	30	7	fois	10	font	70
4	fois	2	font	8	8	fois	2	font	16
4	fois	3	font	12	8	fois	3	font	24
4	fois	4	font	16	8	fois	4	font	32
4	fois	5	font	20	8	fois	5	font	40
4	fois	6	font	24	8	fois	6	font	48
4	fois	7	font	28	8	fois	7	font	56
4	fois	8	font	32	8	fois	8	font	64
4	fois	9	font	36	8	fois	9	font	72
4	fois	10	font	40	8	fois	10	font	80
5	fois	2	font	10	9	fois	2	font	18
5	fois	3	font	15	9	fois	3	font	27
5	fois	4	font	20	9	fois	4	font	36
5	fois	5	font	25	9	fois	5	font	45
5	fois	6	font	30	9	fois	6	font	54
5	fois	7	font	35	9	fois	7	font	63
5	fois	8	font	40	9	fois	8	font	72
5	fois	9	font	45	9	fois	9	font	81
5	fois	10	font	50	9	fois	10	font	90

Limoges, — Imp. F. F. Ardant frères.

ET
FORTUNE
PARESSE
ET

www.ingramcontent.com/pod-product-compliance
Ingram Content Group UK Ltd.
Pitfield, Milton Keynes, MK11 3LW, UK
UKHW020317220726
13923UKWH00003B/1207